医師が教える
50歳からの超簡単ダイエット

川村昌嗣

はじめに

巷にはたくさんのダイエット方法があふれています。

しかし、そのほとんどが短期的には実行できても、長期間続けられるものではないようです。長続きするダイエット方法もいくつか見かけますが、それには相当な努力が必要とされますし、また、リバウンドの頻度も高いのではないでしょうか。

私も、妻から「ベルトの上に載っている脂肪をなんとかして下さい」と言われ、腹筋運動をしたり、竹刀振りをやったりしてみましたが、数日と続きませんでした。

腕立て伏せもやりましたが、左肘が悪いために数回で痛みが出てきて、かえって状態が悪化してしまい、当然、続けることはできませんでした。

早足で歩いたり、エレベーターやエスカレーターの代わりに階段を使って移動したりするようにしても、体重が目に見えて減ることはありませんでした。

通勤の際、ひとつ手前の駅で降りて歩いて帰ることは数日間続きましたが、疲れていたり、遅くなったりして、「今日は仕方がない」と、つい自分に言い訳をしてやめてしまいました。一度中断してしまうと、再開は難しいものです。

また、ある程度の減量に成功しても、それを維持することはかなり困難です。

以前、アルコールや食事の量を減らして、約三キロの減量に成功したことがあります。しかしそうなると、「極端に太ってはいないから、まあいいや」と言い訳をし、また元のような生活に戻ってしまい、体重も増加してしまいました。

しかも、我慢をしてアルコールや食事の量を減らした場合には、その分、一度の食事でたくさん飲み食いする、いわゆる「暴飲」や「ドカ食い」をしてしまい、かえって逆効果のこともありました。

このように、ある程度の減量をすることは簡単ですが、理想的な状態を保つために継続してダイエットを行うことは、とても難しいことです。私自身がそうであるため、体重がなかなか減らずに悩んでいる患者さんに適切な指導ができず、そのことに対する苛立ちも感じていました。

私が現在健診科副部長として勤務している横浜のけいゆう病院では、年二回、市民講座を開催しています。二〇〇八年にダイエットについての講座を行うことになり、私が講師を担当することになりました。

体重が減っても短期間で元に戻ってしまう指導では意味がない、継続して行うことができる方法はないかとあれこれと考え、自分の行動について思いをめぐらせているうちに、自分が継続できる行動とできない行動に、ある違いがあることに気づきました。

外来の患者さんが多く、食事をする時間がなくてもつらいとは思いません。具合のよくない患者さんと頻繁に連絡を取ったり、治療のために他の医師と頻繁に連絡を取ったり、転院のために他の病院とのやりとりに奔走したり、と多忙に過ごしていても、一段楽したときには、心地よい疲労感があり、ストレスや苛立ちはまったく感じません。むしろ、時間と手間をかけて集めた情報をもとに病気を発見し、それを治療することで悪化を防ぐことができたときには、その手間が喜びに変わるのです。

しかし、同じように仕事が多いときでも、それらをやらなければいけないと考えているときはストレスがたまる一方です。

つまり、事前に最悪の事態が訪れることや、悪化していく場合を想定し、それを防ぐように動いているときは、「面倒くさい」「やると大変だな」などという考えはいっさい起こらず、夢中で「行動している」自分がいるわけです。

そこで、この心理をダイエットにも利用してみようと考えたのです。

ダイエットに対する考えを、「やらなきゃいけない」ではなく、「やらないと損をする」と変えてみるのです。これなら継続できるのではないでしょうか。

「やらないと損をする」

「損をするのは嫌だ」

この理論をもとに見つけたいくつかのダイエット方法を、これからひとつずつお話ししていきたいと思います。

そしてもうひとつ、やってみて続かなかったときに、「やっぱり自分はダメだなぁー」と思わないようにして下さい。やり続けられなかったのは、「その時点の自分に合わない努力をしたからだ」「今の自分ができることは、どんなことだろう」と考えて、「新たにトライをしている自分」を褒めて下さい。やらないと、結果は出ません。宝くじを買わないと当たらないのと同じです。この本では、いろいろなダイエット方法を紹介しています。今できなくても、ほかのことができるようになってから再度やってみれば、できるようになるかもしれません。繰り返しトライして下さい。運動も我慢も嫌いな私が肉体改造することができたのです。きっとあなたにもできるはずです。

なお、この本で論じている方法は、私自身が行ってその効果を確認したものがほとんどですが、人には個人差があります。年齢、性別、病気の有無、さらに、病気がある場合には現在どんな治療を行っているかによって効果は変化します。この方法がうまくいかない方もいるかもしれません。くれぐれも無理をしないようお願いします。

また、体に異常を感じたり、違和感が生じたりした際には、最寄りの医師にすぐに相談して指示を仰いで下さい。

本書において、「脚」は、股関節から下の部分を指し、「足」は、足首より下を指します。

医師が教える50歳からの超簡単ダイエット

目次

はじめに　3

序　章　ダイエットの前に……………15

1　生活習慣を見直す
価値観を変える／「損をしている自分」を認識する／「たくさん食べること」は損につながる／太っている原因を見つける／継続しやすい生活習慣改善のためのポイント／「できること」から始める／ダイエット中の注意点

第一章　運動療法とは……………31

1　基本的な考え方
脂肪を燃やすために／歩く時間が大事

2　歩き方を変えよう
つまずくのは加齢のせいではない？／普段の歩き方／凍った道や濡れた床の上の歩き方

3　運動療法の盲点
なぜ失敗を繰り返すのか／ダイエットに逆効果な運動／ダイエット効果が乏しい運動／ダイエット効果が高い運動
ダイエット川柳①【運動】

第二章　実践！　運動療法……………53

1　歩き方
歩く際の意識を変える／①脚上げ歩行（すり足歩行からの脱却）／②凍った道や濡れた床の上の歩行／③砂浜の歩行

2　腹筋を動かす「川村式ウォーキング＝腹ぺこウォーキング」
歩きながら腹筋運動もできる／①お腹を動かす／②お腹の力の入れ方に変化をつける／③お腹に力を入れながら歩く／④呼吸法を変える／⑤入浴の時間を利用する／「川村式ウォーキング＝腹ぺこウォーキング」のプラス効果／継続するためのポイント／ケーススタディ〈自分でやってみました！〉／「川村式ウォーキング＝腹ぺこウォーキング」の注意点

3　大胸筋増強のための運動
荷物を利用したトレーニング

4　日常生活の中の運動
勢いをつけずに動く

5　片脚立ちのトレーニング
立っている時間を有効に使う／①利き脚での片脚立ち／②反対の脚での片脚立ち／③利き脚でのつま先立ち／④反対の脚でのつま先立ち／⑤膝を曲げての片脚立ち／⑥つま先立ちの膝の曲げ伸ばし運動

6 膝を痛めている方に向いている運動
水中歩行の効果／座ったままできる膝の筋力アップ

7 エアー・エクササイズ
バーベルを使わずに同じ効果を

8 拮抗筋を意識的に使って鍛える運動
筋肉が動くことを意識する／①脚を曲げながら椅子に座る／②腕を曲げる／③寒さ対策

9 注意！ 重い負荷が体を壊す！
自分の筋力を自覚する
ダイエット川柳②【美と健康】

第三章 食事療法とは……………99

1 食事療法をする際に気をつけること
食事療法の有効性を高める／食べるに追いつくダイエットなし

2 味わい方、食べ方を見直そう
早食いでは味わえない／たくさん食べなきゃ損⁉ 食べ過ぎは損⁉／食べものを楽しんで選ぶ／時間をかけて食べる、素材を味わう／好きな食べものをもっと楽しむ／味わって食べていない食べものとは？
コラム ダイエットの落とし穴

ダイエット川柳③【心構え】

第四章　実践！　食事療法……………121

1　身近なところから始める
食べる前の心構え／食べ方を見直す

2　間食対策
間食に対する心構え／食べる際の意識を変える
コラム　調味料の話

3　アルコール対策
休肝日をつくるには？／飲み方を見直す／飲み方のひと工夫／つまみに要注意！／飲む時間、シチュエーションを変える

4　タバコ対策
タバコは太る？
ダイエット川柳④【食べ方】

あとがき　164

編集協力　株式会社ライズ

序章　ダイエットの前に

ダイエットをしよう。

そう考えたとき、最初に何をしますか？

スポーツジムで運動をする？　食事制限をする？　ダイエット用のサプリメントを飲む？　もちろんそのどれも効果があるものだと思います。でもその前にしなければならない大事なこと、それが今の生活習慣を見直すことです。

いくら運動をしても、間食をすることが習慣になっていたらどうでしょう？　せっかく運動しても、それでは台無しですね。本格的なダイエットに入る前に、自分の日常生活の中の何が太る原因になっているのか、それを見つけることから始めましょう。

この章では、生活習慣改善のためのいくつかのヒントをご紹介します。少しだけ考え方を変えるだけで、これまでの生活習慣を簡単に変えることができるのです。

1　生活習慣を見直す

価値観を変える

まず初めに、今までの生活習慣が現在の体型をつくっていることを改めて認識して下さい。つまり現在の生活を続けていては、体型は変わりません。

かといって、やりたいことを我慢したり、やりたくないことを自分に無理強いしたりしても長続きするはずがありません。続けなければいけないという気持ちがストレスになり、リバウンドを招いてしまうこともあります。そこで、まずは価値観を変えることから始めましょう。

「損をしている自分」を認識する

例えば、毎日コンビニエンスストアで一五〇円を払って買っていた商品があると仮定して下さい。たまたま入った一〇〇メートル先の百円均一の店で同じ商品を見つけたら、何を感じ、どう行動するでしょう。多くの人は、百円均一の店でも売っていることを知らなかったことを悔しく思い、その後は百円均一の店で買うようになると思います。

ここでの思考の流れを整理してみましょう。

「一〇〇円で買えるものを一五〇円も払って買って、損をした自分が許せない」

↓

「損をしない（得をする）ように、これからは百円均一の店で買おう」

このような図式が成り立つのではないでしょうか。

それまで「一五〇円＝商品」でしたが、百円均一の店で売っていることに気づいた結果、「一五〇円≠商品」と変化し、「コンビニエンスストアではなく百円均一の店に買いにいこう」と考えるようになります。

つまり生活習慣に変化が現れます。この場合、一〇〇メートル余分に歩いて百円均一の店に買いにいくことにストレスを感じる人はいないでしょう。一〇〇メートルの歩行より五〇円の損が優先されているからです。

しかし中には、コンビニエンスストアに素敵な店員さんがいるから、五〇円の差は問題ないと考える人もいるかもしれません。あるいは、一〇〇メートル余分に歩くぐらいなら五〇円余分に出したほうがましと考える人もいるでしょう。

人の価値観は流動的で、そのときの状況や気分により容易に変わるものです。その変化を意識して気持ちの持ち方を変えることにより、ストレスなく、生活習慣を変えることができるのです。

「得をした」という感情は、「得をしたから、今回は〇〇をしてもいい」というふうに自分を甘やかすことにつながり、生活習慣を変えるきっかけにはなりにくいものです。しかし、「損をする」ことは「繰り返したくない」行為であり、この感情が生活習慣の改善を継続させる大きな原動力になりえます。

生活習慣を改善する際の妨げになるのが「面倒くさい」という感情です。したがって、これをうまく封じ込めることが、改善効果を大きく左右します。一五〇円の商品を買うためにわざわざ一〇〇メートル歩かなければいけないと考えれば「面倒くさい」と感じてしまいますが、余分に歩けば健康に良いし、さらに歩くことで五〇円損をしないですむと考えれば、「面倒くさい」とは思わないでしょう。

また、「面倒くさい」という感情を、逆にうまく利用することができると、生活習慣を変える原動力にもなります。例えば、「今日は疲れているので、いつも買っている一五〇円の商品を買いにいくのが面倒くさい」と考えれば、「買わない」という状況も作り出せるのです。

「たくさん食べること」は損につながる

もうひとつ、認識し直してほしいのが、ダイエットの目的と好きなものを食べることとの相関関係です。

「たくさん食べたい」「好きなだけ食べたい」「食べても太らないでいたい」と思い、その目的とのバランスを図るためにダイエットをしようとする方も多いと思います。しかし、この目的では、ダイエットのためにやっていることを中止すると比較的短期間で元の体型に戻ってしまいます。それを防ぐためにも、ここで一度、「食べること」に対する自分自身の好みや価値観について見直してみましょう。

「好きなものをたくさん食べたい」と思う気持ちは、「好きなものを味わって食べる」ことにつながると考えている方が多いと思いますが、「好きなものをたくさん食べる」という行為と「好きなものを味わって食べる」という行為は、まったく別のものなのです。「たくさん食べる」という行為は、好きなものを「より多く食べたい」という欲求から生まれます。そこで「たくさん食べる」とはどういうことかを見直してみましょう。

その前に、「味わう」ことについて説明します。何かを食べる場合、まず食べものを口に入れて舌の上にのせます。このときはまだ、食べもの表面の舌触りを味覚の一部として認識しているだけです。食べものが口の中で噛み砕かれ、それが唾液の中に溶け込み、舌にある「味蕾(みらい)」という味を感じるための神経の末端の感覚器に到達して初めて、味が実感されるのです。

本当の意味で味を感じる、つまり「味わう」ということは、このように時間がかかるものです。しかし、たくさん食べようとすると、あまり時間をかけずについつい飲み込んでしまいがちです。

つまり、「たくさん食べる」ことは、「ほとんど嚙まずに飲み込んでしまう」ことになり、「味わわずに、胃の中に捨ててしまっている」という結果につながります。非常にもったいないことをしてしまっているわけです。好きな食べものを味わって食べていないことがわかれば、それを続ける人はいないはずです。

そうはいっても、長年続けてきた行動を変えることは容易ではないと思います。そこでまず、急いで食べているときは「味わって食べていない」ということを常に意識して下さい。

「自分が好きなものを味わって食べないで、どこに食べる楽しみがあるのか？」

このことを絶えず意識すれば、生活習慣も少しずつ変化していくと思います。

太っている原因を見つける

太っている原因を見つけ、その逆を行えば、効果的に短期間で結果を出せるはずです。

そこで、瘦せるためには何が効果的かを知るために、太っている人と瘦せている人の生活の違いを見てみましょう。当然人によって違いがありますが、一般的にいわれている傾向を挙げてみます。

まず太っている人の食生活および生活習慣です。

①早食い
②一口の量が多い
③刺激物、濃い味が好き
④肉や脂っこいものが好き
⑤残すことができない
⑥他の人の残りものをつい食べてしまいがち
⑦間食が好き
⑧封を開けたお菓子は全部食べてしまわないと気がすまない
⑨甘いものをつい多めに食べてしまう
⑩太っていて動きにくいので運動が嫌い

次に、痩せている人の食生活および生活習慣です。

①一口の量が少ない
②ゆっくり食べる
③野菜を多く摂る
④残すことが多い

以上のような傾向ではないでしょうか。

これらのことを念頭において、自分の生活を振り返ってみて下さい。いくつか思い当たることがありませんか？　それらを「改善しようと思ってもできないから今がある」というのが実状ですが、本当に改善できないことなのでしょうか。今まであまり深く考えていなかったために、つい継続してしまっているのではないのでしょうか？

見方や価値観を変えれば、我慢やストレスをそれほど感じないで生活習慣を変更できる場合がかなりあります。

原因がわからないと対応策を立てるのは難しいので、まずは思いつくかぎりの原因を挙げてみて下さい。原因が見つかれば、それらをどうすれば改善できるのか、そのヒントとなるいくつかの方法を、この本の中から見つけ出すことができると思います。

ダイエットの基本は、「食べる量を減らすと同時に運動量を増やし、消費カロリーを増やす」ことに尽きます。運動療法、食事療法の考え方、およびそれらの具体的な方法も、このあと詳しくお話ししていきます。

継続しやすい生活習慣改善のためのポイント

ではは生活習慣を変える際に覚えておきたい大事なポイントを整理しておきましょう。

①余分な時間をかけないでできること
②いつでも実行できること
③ストレスをあまり感じないように見方や考え方を変えること
④「やらなければいけない」ではなく「やらないと損をする」と考えること

以上の点を意識して、今までの自分の考え方や価値観を見直してみて下さい。

現在の生活習慣や、そのもとになっている行動は、本当に自分自身が求めていることか、本当に好きでやっていることかを見つめ直してみましょう。そして、この本の中で紹介しているさまざまなダイエット方法を、「面倒くさいのでやらない」と実行する前から拒否するのではなく、「やってみるとどうかな」という視点で一度試してみて下さい。

うしろの章で、項目ごとに具体的な方法を示していきます。実際に思考実験や行動実験をしてみれば、今まで、「嫌だけど、やらなければいけない」と自分に言い聞かせ、ストレスを感じていた行動が自然とできるようになったり、以前と比べあまりストレスを感じずにできるようになったりします。

「できること」から始める

この本では行動に関するさまざまなアドバイスを行っています。人は往々にして現在やっている行動や考え方を変更したがらないので、この本の中で紹介していることを実行するのを、初めは非常に困難に思われるかもしれません。

最初から全てをやる必要はありません。まずは、「できること」「やってみてもいいかな」と思えることから試してみて下さい。

ここにひとつ例を挙げてみます。

一〇教科のテストで合計点数を三〇点上げることを考えてみて下さい。どのような取り組みをしますか？

いくつかの方法が考えられると思います。

①得意教科に時間を割いて点数アップを図る

②苦手な教科に時間を割いて頑張る

③運を天に任せる

④何もしない

①を選ばれる方が多いと思いますが、この方法には問題点があります。というのは、得意な科目なので、もともと点数がよく点数アップの幅が少ないということです。

②の方法は、点数アップを図るには効果的な方法ですが、苦手な教科に対しては拒否感があり、長続きしない恐れがあります。

③は結果があまり期待できません。持続的な効果が出せる可能性はほとんどないといえるでしょう。

④は気持ちの面では③と違うように思いますが、やっていることと結果はほとんど同じです。

ここで注目したいのが、②の方法です。②は苦手意識さえ乗り越えることができれば、非常に効果的な方法です。もともと点数が低いし、わからない（まだ行動に移していない）部分が多いので、少しやっただけで、かなりの効果が期待できます。

気分が乗らないやり始めの頃は①の方法を重点的に行い、ある程度気分が乗ってきたら②の方法に切り替えるという方法なら取り組みやすいと思います。

ダイエットの場合も同様です。やりやすいことから始めましょう。体が慣れてきたら、「嫌でやりたくないことは、今まで試していない分、効果が大きいはず。やっていない今の状態は損をしている」と考えて、新しい方法にもできるだけ頻繁にトライしてみて下さい。ある程度結果が出てくれば、その行動に意味が生まれ、進んで取り組めるようになるはずです。

ダイエット中の注意点

順調にダイエットが進んでいる、思った以上に効果があると感じたとき、ひとつだけ注意してほしい点があります。体になんらかの疾患が生じ、その影響で体重が減っている恐れがあるということです。

糖尿病や甲状腺機能亢進症といった内分泌疾患や胃癌などの進行癌のために体重が減少している場合もありますので、ダイエットが順調に進んでいるときこそ、健康チェックを怠らないようにして下さい。

可能性の大きい病気とそれらの病気の際に体重の減少以外によく見られる症状を以下に挙げます。

・糖尿病——喉が渇く（口渇）、おしっこの量が多い（多尿）、体がだるい
・甲状腺機能亢進症（バセドー病）——脈が多い（頻脈）、ドキドキする（動悸）、暑がりになった、汗をよくかく、指が細かく震える、目つきがきつくなった（眼球突出）、イライラするようになってきた
・肺結核——痰が出ない咳をする（空咳）、37℃台の熱が続く（微熱）、寝汗をかく
・食道癌——食べものが喉につかえる、飲み込むときにしみる、勢いよく食べると吐く
・胃癌——胃もたれがする、少し多めに食べたときに吐く、胃痛、血を吐く（吐血）
・大腸癌——便秘、下血、下痢
・その他の悪性腫瘍（悪性リンパ腫、白血病、肺癌など）——体のだるさ

考えられる疾患を挙げると切りがありません。右記の疾患についても書いていない症状が出てくることもありますし、これらの症状があっても列挙した疾患があるとは限りません。定期的な健康診断や人間ドックはぜひ受けて下さい。検査がきっかけで、間違ったダ

イエット方法を行っていることに気づく人も年に数人いらっしゃいます。また、「何か変だ」と感じたときには、必ず医師に相談して下さい。

＊　＊

さて、これからいよいよ実践に入るわけですが、その前にひとつお願いがあります。

「一度読んで理解した」ところで終わりにしないで、本書を繰り返し読んでいただきたいのです。初めのうちは一カ月に一度読んでほしいと考えています。

一度読んで納得しても、通常、情報は三日ほどで意識の片隅に押しやられます。しかし、月に一回読めば、三日×十二カ月という計算が成り立ち、その結果、三十六日間、記憶が鮮明に残ることになります。そうすれば、たとえぼんやりとでも記憶の底に情報が生き続けることになるわけです。

以前読んだ小説を読み返してみた場合、「こんなこと書いてあったっけ？」と記憶にない部分に気づいたり、「こういう意味で書いてあったのか！」と以前とは違った解釈ができたりすることも少なからずあります。一回目に読んだ自分と、二回目、三回目を読む自分はすでに違っているのです。

初めてこの本を読んだときにはできなかったことでも、時間が経って、または、ある取り組みをすることによってできるようになることもあります。

初めから通して読まず、拾い読みでも結構です。繰り返してこの本を手にとって気になったところだけでもお読み下さい。

「継続は力なり」です。ですが、「やらなければならない」「やって得をした」と考えていると、継続は困難です。「やっていない分、損をしている」という意識を常に持ち続けて、ぜひ継続して下さい。

第一章　運動療法とは

実践に入る前に、まずここで日常生活に欠かせない「歩く」という動作を見直してみたいと思います。

普段、どんな歩き方をしていますか?

歩くのが速い人もいれば、遅い人もいるでしょう。また、あまり脚を上げず、するようにして歩いている人もいるかもしれません。日常生活の中で、自分がどう歩いているのかを意識している人は少ないでしょう。でも、ほんの少しだけ意識することで、ダイエットに大きな効果をもたらすとしたらどうでしょう? 意識せずに歩いていることは、とてももったいないと感じるはずですよね。

この章では、消費カロリーをアップさせるためのさまざまな歩き方を紹介しています。どれも難しいものではありません。普段あまり運動をされない方、脚力の弱ったご高齢の方でも無理なく実践できるものばかりです。ぜひトライしてみて下さい。

1　基本的な考え方

脂肪を燃やすために

エネルギーを消費するという点から考えても、長時間歩くことはダイエットに有効に働きます。

まずは、その理由から説明していきましょう。

私たちが体を動かすときには、常に筋肉が働きます。もちろん歩く場合も同様です。その筋肉を動かす際のエネルギー源となるのが、血液中に含まれているブドウ糖である「血糖」、筋肉や肝臓に蓄えられている炭水化物の「グリコーゲン」、蛋白質の構成成分である「アミノ酸」、そして血液中に流れていたり、脂肪組織などに蓄えられていたりする「脂肪」です。

これらのエネルギー源は、運動の種類や強度によって使われ方が異なります。例えば、「歩く」場合を見てみましょう。

歩きはじめた直後、筋肉を動かすエネルギー源となるのは、主に血液中の「血糖」です。

しかし、この血糖は短い時間しかもちません。そのまま歩き続けると、消費された血糖を補うために、筋肉や肝臓にある「グリコーゲン」からブドウ糖が作られ（糖新生）、血液中に送り出されます。

アミノ酸は筋肉運動時のエネルギー源の一五パーセント程度を担っています。

食事で摂取した脂肪が消化吸収されて血液中に流れている「脂肪」や筋肉内や脂肪組織に蓄えられている「脂肪」もエネルギー源として利用されます。ただし、蓄えられた「脂肪」が分解されて、脂肪酸として血中に放出され筋肉へ取り込まれ、エネルギー源と利用されるには少し時間がかかります。

これまでは、「ブドウ糖」や「グリコーゲン」が消費されてから、「脂肪」が動員されると考えられていましたが、最近では、いろいろなことがわかってきました。運動時のエネルギー源の大部分を担っているのは「ブドウ糖」と「脂肪」ですが、運動の時間や強度、トレーニングの状態、運動前や運動中に摂取する飲食物の影響を受けて、それぞれの役割分担がかなり変動するのです。

ダイエットの主な目的は余分に蓄えられている脂肪を減らすことにあります。運動により消費される三つのエネルギー源のうち脂肪の部分を増やす工夫を以下に挙げます。

（1）脂肪組織から脂肪酸をより多く動員するために

脂肪組織には脂肪が蓄えられていますが、その脂肪にホルモン感受性リパーゼという脂肪を分解する酵素が働くと、脂肪酸が血液中に放出されます（血中脂肪）。運動を繰り返すこと（トレーニング）により、このホルモンに対するホルモン感受性リパーゼの反応性が高まります。運動を毎日継続して行うのが有効なのはこのためです。

運動中に摂取する飲みものにも注意が必要です。糖質入りのスポーツ飲料を摂ると、脂肪組織から放出される脂肪酸の量は抑制されてしまいます。同じ糖質でも果物などに含まれているフルクトース（果糖）は、脂肪酸の放出を抑制しないことが確認されていますので、運動中に補給する糖質は、フルクトース単独のもの、つまり果物がおすすめです。ただし、逆にいえば、フルクトースは脂肪に変わりやすい糖質でもあるので、摂り過ぎると脂質、特に中性脂肪が上昇しやすいので、脂質異常症のある方は注意して下さい。

（2）より多くの脂肪酸を筋肉に取り込ませるために

運動を毎日継続して行うことによって、運動時にブドウ糖に分解され、すぐにエネルギー源として使用できるグルコースの消費を節約するようになります。スタミナがついたと感じたときは、この変化が起こっているといえます。食事から摂取した脂肪は、食事の

三、四時間後、カイロミクロンといわれる大きな粒子の形で血液中に流れはじめます。カイロミクロンを代謝する毛細血管の壁（血管内皮細胞）にある、リポプロテインリパーゼという脂肪を分解する酵素も運動によって働きが増大するので、運動が継続されていれば、より多くの血中脂肪が筋肉に取り込まれやすくなります。

（3）筋肉組織内でより多くの脂肪を燃やすために

血管内皮細胞と同じように、筋肉内にあるリポプロテインリパーゼも運動によって筋肉内に蓄えている脂肪を積極的に分解するようになります。

運動の強度の違いによって、グリコーゲンと脂肪からエネルギーを取り出す比率が変わってきます。運動強度が強いと、脂肪よりもグリコーゲンをエネルギー源とする比率が高くなり、運動強度が弱いほど、脂肪からエネルギーを取り出す比率が高くなります。

まとめますと、脂肪をたくさん燃やす、つまりダイエットのためには、あまり強過ぎない運動を長時間続けることが必要です。息が上がってしまわない程度の運動を三〇分程度行うことが、長く続けやすく効果的であるといわれています。

歩く時間が大事

　ダイエットを目的とした「歩き方」を教わる場合、「かかとから着地し、後ろにある脚のつま先で地面を蹴って、腕を振り、早足で歩きましょう」と指導されることが多いと思います。

　このように歩けば単位時間当たりの運動量が増し、体のあちこちの筋肉を使うことになります。足を地面につけ、蹴り出すときにはふくらはぎ、すね、太腿、お尻の筋肉を使いますし、腕を振れば上腕の筋肉を動かすことになりますので、それに伴い胸と背中の筋肉も働きます。

　次の表は、体重六〇キロの人のいろいろな歩き方に対する運動消費カロリーを表したものです。

　この表が示すように、「急ぎ足の歩き」をした場合、一分間当たりの消費カロリーは「ぶらぶら歩き」の二倍以上になります。

　ただし、この歩き方をした場合、目的地に早く着きますので、当然運動時間は短くなってしまいます。表を見ていただければわかるように、一キロメートルの移動に要する時間は、

「ぶらぶら歩き」が二〇分なのに対し、「急ぎ足の歩き」の場合、九分と半分以下になっています。前項でも説明したとおり、これでは十分に脂肪を燃焼させることができません。

消費するカロリーは、運動強度に運動時間をかけて算出しますので、ぶらぶら歩いたほうが同じ距離を移動する際の消費カロリーが増えることになります。

速く歩く方が目的地に早く到着することができるので、浮いた時間で体を動かせば、より多く運動したことになりますが、到着した後の行動によっては運動量が減ることがあるのです。

早歩きをすると疲れてしまうため、目的地に到着するとどうしても動きたくなくなります。そこで運動が終了してしまうので、脂肪の燃焼

	時速	1分間当たりの消費カロリー	300kcal消費するのに要する時間	1kmの移動に要する時間	1kmの移動により消費するカロリー
ぶらぶら歩き	3.0km	2.6kcal	116分	20分00秒	52kcal
緩やかな歩き	3.6km	2.9kcal	105分	16分40秒	48kcal
普通の歩き	4.5km	3.2kcal	95分	13分20秒	43kcal
大股歩き	6.0km	3.7kcal	81分	10分00秒	37kcal
急ぎ足の歩き	7.0km	5.6kcal	54分	9分00秒	50kcal
大股で全力の歩き	8.0km	10.0kcal	30分	7分30秒	75kcal

（中野昭一、竹宮隆編『運動とエネルギーの科学』、杏林書院、1996を参考にして作成）

はあまり望めません。一方、「ぶらぶら歩き」ならそれほど疲れを感じないため、長い時間歩くことが可能です。

「ぶらぶら歩き」は強度の弱い運動なので、筋肉組織においてもグリコーゲンよりも脂肪をエネルギー源として使用する割合が増え、脂肪を効率的に燃焼させることができます。

ここでひとつ気をつけてほしいことがあります。「ぶらぶら歩き」で三〇〇キロカロリーを消費するには、二時間近くかかります。つまり、運動により消費するカロリーは、それほど多くないのです。長時間歩いたからダイエットできているという過信はしないで下さい。

また速く歩くことには弊害もあります。スピードを出そうとするあまり、ついつい勢いをつけ過ぎてしまい、無意識のうちに脚に余分な負荷をかけてしまうことです。その結果、かかとや足首、膝にかかる負担が増えることになります。骨や筋肉、靭帯がしっかりしている若いうちはよいのですが、年齢とともにそれらは徐々に弱くなってきます。また運動不足な生活を続けている場合も同様です。速く歩くことで弱った部分に強い衝撃が加わり、打撲や捻挫に近いダメージを受けることもあるのです。

特に歩きはじめは勢いをつけて動こうとすることが多く、その分、脚や腰などに強い負荷がかかりやすいので、注意が必要です。自分の骨や筋肉、靭帯の強さをあらかじめ把握し、それに応じた運動を心がけることが大事です。

2　歩き方を変えよう

つまずくのは加齢のせいではない？

まず痩身のお年寄りの歩き方を想像してみて下さい。

バランスをやや崩すような形で体を前に少し傾け、倒れそうになる勢いを利用して、体を前に運ぶようにして歩いているのではないでしょうか。脚の筋力が低下しているため、本能的にできるだけ筋肉を使わずに歩こうとして、こうした歩き方になってしまうのです。これは人間に適応力がある証拠でもあります。

しかし、この歩き方に慣れてしまうと、あまり筋肉を使わなくなり、その結果、筋力の低下を招いてしまいます。つまり高齢者の筋力が衰えてしまうのは、加齢による変化よりも、筋肉を使用する頻度が少なくなり、それによって筋力が低下することによる「廃用萎縮」と呼ばれるものが主な原因なのです。

高齢者の方の多くが、ほとんど段差のないところでつまずいたりしていませんか？　こういったことは脚の筋力が低下したことによって起こるのではなく、腿を上げて歩いていないため、つまりすり足状態で歩いているために生じているのです。

すり足状態の歩き方を続けていると、腿を上に持ち上げる筋肉が萎縮してしまい、腿を上げて歩くことが困難になってしまいます。実際、高齢者の方が家の中のわずかな段差でつまずいて転倒し、骨折してしまうケースが少なからずあります。しかし脚を持ち上げる筋力があれば、段差のないところでつまずきやすかった高齢者の方でも、ゆっくりではありますが、もっと段差のあるところ、例えば高い階段でも上ることができます。

なお、余談ですが、靴下の足の甲のところに、ゴムが縫いつけてあり、自然に足の指が反り返るようになる靴下が、転倒防止用品のひとつとして商品化されています。この靴下のおかげで、わずかな段差でつまずく頻度がかなり減少しているようです。

普段の歩き方

通常、私たちは体の重心を前に運ぶようにして歩いています。前に出した脚をかかとから着地し、そのおろした脚のかかとから指先のほうへと体重を移動させます。同時に後ろ脚を蹴って前に出す、この動作を繰り返すことで前に進んでいくのです。

もう少し詳しくみていきましょう。脚を前に出そうとしたとき、体重は後ろ脚から前脚のほうに移動し、地面についている後ろ脚の上にはありません。そのため、少しでもバランスをくずせば転倒してしまうという危険な状態にあります。

なぜこうなっているかというと、できるだけ少ない筋肉運動で体を前に進めようとするためです。直立している状態からやや体を前に傾け、体が倒れそうになる勢いを利用して後ろ脚を蹴り上げ、体重を前脚に移動させます。次の項で紹介する、凍った道や濡れた床の上を滑らないように歩く方

① 

② 

③ 

普段の歩き方
①後ろにある左脚と、前に出した右脚との間に重心がある状態。右脚は、かかとから地面につける。
②右脚のかかとから右脚の指先へと体重を移動し、それに伴い左脚を前へ運ぶ。
③右脚で地面を蹴ったあとは、重心は右脚よりも前方にある。その勢いで、左脚を前に出す。

法と比べていただければ、よりイメージがつかみやすいと思います。

凍った道や濡れた床の上の歩き方

段差による転倒を防ぐためには、なるべく腿を上げる歩き方が有効で、以前患者さんにすすめていました。階段を上るようなイメージで脚を出すといいでしょう。

ただし、この歩き方は周りから少々奇妙な動きに見られる場合もあるようで、実践することに抵抗がある方もいました。そこで最近は、別の歩き方をおすすめしています。

それは、凍った道や濡れた床の上を歩

凍った道や濡れた床の上の歩き方
①左脚の上に重心を残し、右足の裏全面を地面につける。
②右足の裏全面が地面についた状態またはつく直前に、左脚の太腿に力を入れて膝を真っ直ぐに伸ばし、体を前に押し出すようにして、重心を移動する。このとき、左足の裏全面で地面を押すように力を入れる。
③左脚を引き上げて、右脚に完全に重心を移す。
④①～③の動作を、脚の左右を替えて繰り返す。

くときのイメージで脚を運ぶ方法です。この歩き方を詳しく分析すると、普段どう歩いているかもよく理解できると思います。

凍った道や濡れた床の上を歩く際、前に出した脚を着地させるときに、足の裏全体をつけるようにします。その際、体重はまだ後ろの脚に残っています。前に出した脚には、体重がかかっていないので、少しぐらいつまずいても倒れる危険はほとんどありません。

後ろに残している脚は、少し膝を曲げたままの状態で体重を支えており、前に出した脚が地面に着地するのとほぼ同時に、後ろ脚の曲げた膝を伸ばすようにして、後ろ脚にかけていた体重を両腿の筋肉を使って前に出した脚の上に移動させます。

凍った地面や濡れた床の上を歩いているときは、この移動の際に後ろの脚で地面を蹴ると滑ってしまうので、足の裏全体に力を入れて体を前に押し出すようにし、重心の移動を補助します。重心が前の脚に移動してから、後ろ脚を地面から引き上げ、前に移動します。ちょうど、小さな船に乗っているときに、竿で水底を押し、勢いがついたところで竿を水底から引き上げるような感じです。これを繰り返していくのです。

歩くペースが速くなると、前に出した脚が着地する前に、後ろ脚に乗っている体重を前に移動するようになるので、通常の歩行に近い形になります。しかし脚に対する意識はまったく違います。凍った道や濡れた床の上を歩く場合、意識は、前に出した脚ではなく後ろ脚に残っています。通常の歩き方では、前に出した脚に意識が集中し、後ろ脚にはほとんど残っていません。

この歩き方は下半身全体を使うことになりますので、ヒップアップや太腿の引き締めなどに効果があります。特に前脚が着地したあと、体重を後ろの脚から前に移動させる際、膝をグッと伸ばすようにすると、膝の回りの筋肉をかなり使うことになり、少し腿が細くなります。また、体重が足の裏全体に分散されることで、着地するときの衝撃が少なくなります。そのため足のサイズが少し小さくなります。

これらのことを意識しながら歩くのと、ただぶらぶら歩くのとでは、消費カロリーに大きな差が生じます。

3　運動療法の盲点

なぜ失敗を繰り返すのか

運動量を増やしてダイエットを試みる人は多いと思います。運動量を増やすことで、一時的に体重が減少することもありますが、残念ながら、運動を中止したり、その頻度や量が減少したりすることで再び体重が増加してきます。

それ以外にもいくつかの要因の関与が考えられます。

そこで、運動をしたのにもかかわらずダイエットに失敗してしまった場合の原因をここで考えてみましょう。
①運動で消費するカロリーが予想以上に少なかった
②運動をするとお腹が空き、かえって食欲が増してしまった
③運動でカロリーを消費したから、もう少し食べてもよいと自分の中で言い訳をし、いつもよりも食べる量が増えてしまった
以上のような理由が挙げられると思います。

食事療法だけのダイエットを続けていても、決して筋肉量が増えることはありません。筋肉量を維持あるいはアップさせ、健康を保つためには運動が必要です。特に肉体を若返らせたいのなら、体のいろいろな筋肉を使う必要があります。

しかし、新たに始めた運動はなかなか習慣化しません。そこで、日常生活の中で誰もが必ず、そして頻繁に行っている「歩く」という動作を有効に活用してみましょう。歩きな

がら同時にほかのいろいろな筋肉を動かせば、運動量は一気に増します。具体的な方法についてては、後の章で詳しくお話しします。

ダイエットに逆効果な運動

激しい運動をした場合を考えてみましょう。たしかに運動消費カロリーは大きいので、ダイエットには効果的と思えます。食べる量が増えなければ、非常に良いと考えられます。しかし、激しい運動を行うと食欲が出て、食べものがおいしく感じられます。また、運動したからもう少し食べてよいと思い込んで、ついつい食べ過ぎてしまい、かえって太ってしまうという方も少なからずいるようです。

前述したように、ある程度の時間、運動を継続しないと、脂肪は燃焼されません。また、あまり運動の強度が強いと、脂肪よりグリコーゲンのほうからエネルギーを多く供給するため、効率的に脂肪を燃焼することができません。

ダイエット効果が乏しい運動

日常生活の中で人間が習慣的に行っている行動は、できるだけ無駄が省かれています。

特に高齢者の場合、筋力が低下していますので、そのときの筋力に応じた効率の良い動作を自然に選ぶようになります。効率の良い動作とは、消費カロリーが少ない動作なので、ダイエット効果は乏しいといえます。

歩く動作を考えてみましょう。若い頃は背筋を伸ばして、足で地面を蹴って速く歩いていた人でも、加齢とともに前かがみとなり、脚を上げない「すり足歩行」をするようになります。体重のバランスを崩し、前に倒れる力を利用して歩くのです。

座るときに、下肢の筋力を弛緩させ、重力を利用しドスンと座る高齢者の方を見かけたことはありませんか？　高齢者の場合、立ち上がるときも脚の筋力だけで立ち上がることができず、「ヨイショッ」といった感じで手を支えにしたり、反動をつけたりします。つまり体への負担が少ない動きをするようになるのです。

高齢者に限らず、日常的に繰り返し行う動作においては、なるべく楽をするようになりますので、あまりエネルギーは使いません。つまり、「省エネルギー＝消費カロリーの減少」というわけです。

ダイエット効果が高い運動

脂肪からエネルギーを取り出し、消費することがダイエット効果の高い運動といえます。前述したように、少し汗ばむ程度の運動を三〇分以上継続することがダイエットにおいては理想的です。また、ひとつの動作を行う際に、普段使わない筋肉を同時に動かすようにすれば、時間当たりの消費エネルギーは飛躍的に増えます。

体を動かすときに使う筋肉を「主運動筋」と「拮抗筋」に分けて考えてみましょう。腹筋運動をしたりや上腕を曲げたりするとき、「主運動筋」は腹筋と上腕二頭筋、「拮抗筋」は背筋と上腕三頭筋になります。

日常生活の中である動作を行う場合、「主運動筋」を使っているときには、それに対応する「拮抗筋」は弛緩させて使っていません。この普段使っていない「拮抗筋」を意識して使うと、「主運動筋」に負荷がかかり、同じ動作をするのにも、より強い筋力が必要となり、運動消費量が飛躍的に増えます。

次に日常生活の中で普段使わない筋肉を動かす運動を記します。この「拮抗筋を使う」という概念を意識しながら試してみて下さい。

①ゆっくり体重を意識しながら（体重を支えながら）行動する（歩く）

②歩くときにできるだけ腿を上げて歩く
③歩きながら手の指全体に力を入れて握り締めたり、力を抜いたりする
④歩きながら軽く手を握りしめ、手の指一本ずつに力を入れたり抜いたりする
⑤歩きながら足の指一本ずつに力を入れて地面を蹴って歩く
⑥凍った道や濡れた床の上をイメージして歩く
⑦砂浜の上を濡れたサンダルで歩く。その際、サンダルと足の間にできるだけ砂が入ってこないように意識して歩く
⑧主運動筋と拮抗筋の両方を（腕を曲げるときには、腕を曲げようとするときに使う筋肉と腕を伸ばそうとするときに使う筋肉の両方に力を入れ）収縮させて行動する
⑨立っているとき、片脚だけに体重をかける
⑩片脚立ちのとき、膝を曲げて（曲げ伸ばしをしながら）立つ
⑪階段を上る意識で下りていく
⑫階段を一段飛ばしするイメージで一段ずつ上っていく
⑬絶えず腹筋に力を入れて行動する
⑭腹筋を動かしながら、お腹を出したり引っ込めたりしながら歩く

⑮両脇に物を挟んでいるつもりで、上腕を体の側面に押し当てるように力を入れて歩く

この後、第二章「実践！　運動療法」では、ダイエット効果の高い運動方法を具体的に紹介していきます。参考にして下さい。

ダイエット川柳①【運動】

曲げ伸ばし　腕も脚も　ゆっくりと

日常的な動作をいつもよりゆっくりすることで筋肉に負荷がかかり、運動効果も高まります。しかも関節を痛めず実践できます。

ウォーキング　早歩きより　長歩き

激しい運動を短時間するよりも、体に負担のかからない運動をできるだけ長く続ける方が、ダイエットには効果があります。

通勤時　カバンを使って　腕鍛え

手にしたカバンを少し持ち上げて、上腕を体に押しつけるようにすれば、使う頻度の多い上腕二頭筋だけでなく、普段あまり使わない上腕三頭筋や大胸筋の筋肉が鍛えられます。通勤時間の有効利用にもなります。

第二章　実践！　運動療法

本章では、ダイエットをより効果的に行うための運動方法を具体的に説明していきます。

いくつかの項目に関しては番号をつけてみましたが、これは、継続しやすさやカロリー消費量の多さによるものではなく、取り組みやすさを考慮して番号をつけたものです。ただし、おおむね番号が上がるほど難しくなり、それに伴いカロリー消費量はアップしていきます。

当然、人によって向き不向きはありますし、継続できる期間にも差があると思います。無理せず、自分がやりやすいものから取り組んでみて下さい。

ほとんど意識せずに動けるようになれば、つまり、気がついたら自然に体が動いていたというような状況になれば、その番号の行動がマスターできたということになります。

1　歩き方

歩く際の意識を変える

歩き方については第一章でも触れましたが、ここではそれらについてより具体的に紹介していきます。脚の上げ下ろしや体重移動など、一つひとつの動きに意識を集中させながら、ゆっくり行って下さい。そうすれば、どこで力を入れればいいのかが、自ずとわかってくると思います。

①脚上げ歩行（すり足歩行からの脱却）

階段を上るときのように、膝を高く上げるようにして歩きます。これができれば、わずかな段差でつまずくことがなくなります。階段を下りるときにも、同様に脚を高く上げてから下ろして下さい。こうすれば腿の筋肉を使って歩くことになります。

②凍った道や濡れた床の上の歩行

四三ページで既に述べましたが、もう一度説明します。前に出した脚を地面に下ろすときに、かかとやつま先だけをつけると滑ってしまうので、足の裏全体をつけるようにします。また、普段私たちの体の重心は両脚の間にあります。つまり、「両脚に体重がかかっている状態」になっています。通常私たちは、前脚に体重をかけて前倒姿勢をとり、体が倒れそうになる勢いを利用して歩いているのです。しかし、凍った道や濡れた床の上でこの歩き方をすると、滑って転んでしまいます。したがって、転ばないためには、後ろにある脚に体重を残し、前に出した脚を着地させたところで、その脚の上に体重をゆっくりと移動させるようにして歩かなければなりません。

このとき、後ろ脚の膝を曲がった状態から真っ直ぐに伸ばすようにして前脚に体重を移動させると、膝の周囲、特に腿の筋肉を使うことになります。これによりその部分が鍛えられ、腿の脂肪を落とす効果にもつながります。

足の裏全体で体重を支え、歩く際の衝撃を足の裏全体で受け止めるため、単位面積当たりの足の裏を圧迫する力（足の裏を押し広げようとする力）が弱くなり、足の裏全体が引き締まって、足（靴）のサイズが少し小さくなります。

③砂浜の歩行

砂浜の上を濡れたサンダルで歩き、そのサンダルと足の間に砂が入ってこないことをイメージして歩いてみましょう。これはかなり難しい歩き方です。

②の「凍った道や濡れた床の上の歩行」では脚を下ろすことと体重の移動に焦点が置かれていましたが、ここで紹介する歩き方は、持ち上げる脚の動きがポイントとなります。

足を地面から離す際に、足の裏が地面と平行になるように力加減を調節します。足の裏全体に平均的な力がかかるようにして歩かなければならないため、歩く速度はかなり遅くなると思います。

あくまでも想像ですが、忍者の歩き方というのは、②の歩き方に③の歩き方が加わったものではないかと私は考えています。

2　腹筋を動かす「川村式ウォーキング＝腹ぺこウォーキング」

歩きながら腹筋運動もできる

お腹に脂肪がつくのは、腹筋を動かしていないことが原因です。しかし、日常生活の中で腹筋を使う機会はそれほど多くはないのではないでしょうか。

笑い過ぎて腹筋痛を起こした経験を持つ人は多いと思います。これは笑うことによってお腹を激しく動かす、つまり腹筋を使ったことによる結果なのです。かといって、仰向けの姿勢から体を起こす腹筋運動は、普段やり慣れていない人にとってかなりハードなものでしょう。無理して行えば、腰を痛めることにもなりかねません。

そこで行ってほしいのが、歩きながら絶えず腹筋を動かす「川村式ウォーキング＝腹ぺこウォーキング」です。

何も難しいことはありません。歩く際、お腹を出したり引っ込めたりするという腹筋運動をする、それだけです。この動作をするだけで、仰向けから体を起こす腹筋運動と同じような効果を得ることができるのです。しかも、お腹を出して引っ込めるという動作はつらくありません。さらに脂肪をよりエネルギー源として使いやすく、その上、長時間継続して行うことができます。

歩きながら、普段あまり使わないこの腹筋を積極的に使用することができれば、腹筋内にたまっている脂肪を積極的に燃やすことができます。実は筋肉の中にも脂肪がたまっているのです。霜降り肉を想像すれば納得いただけると思います。

腹筋の回りにある脂肪組織からも、運動する際のエネルギー源としての脂肪酸を動員できますし、なおかつ、絶えず動かしているので、余分に摂ったカロリーを脂肪として蓄える際にも、腹部に蓄積される脂肪はかなり減ってきます。流れの速い川底の石に苔が生えないのと同じ原理です。

会社勤めをしているなど、外出の機会のある人の場合、一日一万歩近く、あまり外出しない人でも一日五〇〇〇歩は歩いています。一歩で一回の腹筋運動ができたとすると、少なくても五〇〇〇回の腹筋が、二歩で一回の腹筋運動だとしても二五〇〇回の腹筋運動ができるのです。

お金も、時間も、器具も必要なく、たとえ両手がふさがっていても、やる気さえあれば、いつでもできることなのです。普段の歩行を腹筋運動を加えた「川村式ウォーキング＝腹ぺこウォーキング」に変えるだけで、余分な時間も必要なく、ウエスト回りの脂肪が自然に減少してくるのです。やらなければいけないと考えていると、ついつい面倒になり、やらなくなってしまいます。「やらない分損をしている」と考えて下さい。

では次に、「川村式ウォーキング＝腹ぺこウォーキング」の具体的な方法を紹介していきます。

①お腹を動かす

まず、お腹を出して、次に引っ込める動作を行ってみて下さい。脚を一歩出すごとにこれを繰り返しましょう。

お腹を出したり引っ込めたりする運動と聞くと、「腹式呼吸」を想像する方もいらっしゃるかもしれません。しかし、この動作は、腹式呼吸を目的としたものではありません。

一歩につき一回お腹の出し入れをしていただくと、短期間でお腹回りが引き締まります。

しかし、お腹を動かすと一緒に呼吸をしてしまう方の場合には、お腹を速く動かすと、呼吸数が増え過呼吸となるため息苦しくなってしまいます。どうしても呼吸とお腹の動きが合ってしまう人は、一歩目でお腹を出し、二歩目でお腹を引っ込めましょう。このペースのほうが長続きするようです。

これでも呼吸が苦しくなる場合には、一、二歩目でお腹を出し、三、四歩目でお腹を引っ込めて歩きましょう。おそらく、こうすればできるようになると思います。なんとなく、息を吸う際に「ヒッヒッ」、息を吐く際に「フッフッ」と言う、マラソンのときの呼

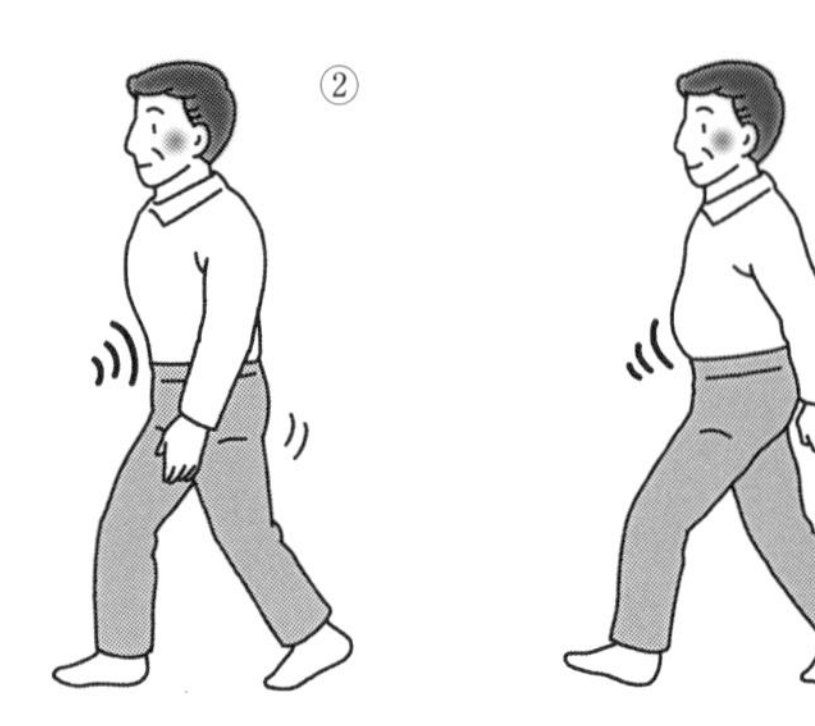

①一歩目でお腹を出し、②二歩目でお腹を引っ込める。
左脚を出したときはお腹を出し、右脚を出したときはお腹を引っ込めるというように、脚の運びとお腹を出すタイミングを合わせるようにする（脚は逆でもよい）と、習慣化する。

吸の仕方に似ています。

どうしてもうまくできない人は、お腹を出すことを「お腹（腹筋）に力を入れる」、お腹を引っ込めることを「お腹（腹筋）を弛緩させる」というイメージで試してみて下さい。

または、横になってお腹の上で両手を組み、その手を上に押し上げる感覚で息を吸い、お腹を手で押すようにしてへこませます。まずは、呼吸に合わせて腹筋を動かしましょう。ある程度、腹筋の動きに慣れたら、今度は呼吸を意識せずに、あるいは話をしながら、右記の動作を繰り返してみましょう。

その次に、お腹に当てている手にあまり力を入れないで、腹筋に力を入れることに意識を集中して、腹筋を動かしてみましょう。これは立っても座っても、どちらの体勢でやっても構いません。これがある程度できるようになれば、呼吸の動きとは関係なく、腹筋を動かせるようになると思います。

これらの練習をこなし、腹筋をスムーズに動かせるようになったら、歩く際には常に腹筋を意識して動かしてほしいと思います。お腹部分は服に隠れていますので、たとえ動かしていても、それを周囲に気づかれる心配がありません。

さらに、「右脚を出したときにはお腹を引っ込め、左脚を出したときにはお腹を出す」

といったように、自分の中でルールを決めましょう。もちろん逆でも構いません。そのほうが習慣化しやすく、そうなれば、歩きながら自然にお腹を動かすようになるのでリバウンドが起きません。これまで普通に行っていた歩行が、カロリーを多く消費する歩き方に変わるのです。

「川村式ウォーキング＝腹ぺこウォーキング」は歩かずにお腹を動かすだけでもいいので、料理をしているときや、テレビのコマーシャルの間にもできます。当然、信号待ちや電車などを待っているときにもできますが、立ち止まっていると、お腹の動きが目立ちますので、人前でやっていると「変な人」と思われる危険がありますので、人が周りにいない状況でやられるほうが良いと思います。もちろん、家の中であれば、いつやられても問題ありません。

また、座ったままでも大丈夫ですので、膝が悪い方でも実践できます。ぜひ、時間の許す限り、ゆっくりでもいいので、意識して腹筋を動かし続けて下さい。

②お腹の力の入れ方に変化をつける

次に、お腹を動かす際に、お腹の下のほうを中心に力を入れたり、上のほうを中心に力を入れたりと、力を入れる場所を変えてみましょう。また、動かすスピードにも変化をつけてみましょう。こうしますと、多く動かした場所の脂肪がわずかですがその分だけ減少し、筋肉量が少し増えてきます。

③お腹に力を入れながら歩く

今度は、腹筋に力を入れた状態で、お腹を出したり引っ込めたりしながら歩きましょう。これはあまり速いペースでやることはできないと思います。少々難しい歩き方ですが、これをマスターすると、お腹の動きが目立たず、ときや場所をあまり選ばずに、手軽に腹筋運動ができることになります。その結果、腹筋の筋肉量が増し、また腹筋力もついてきます。焦らずゆっくり行って下さい。

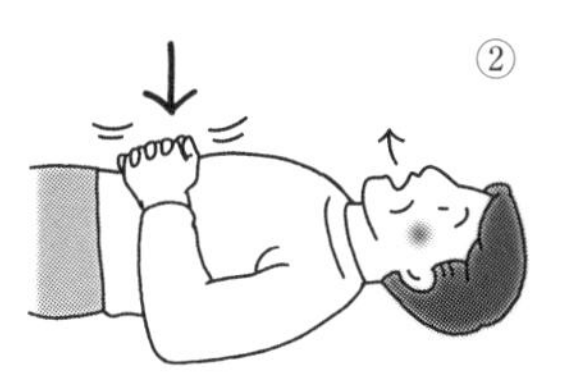

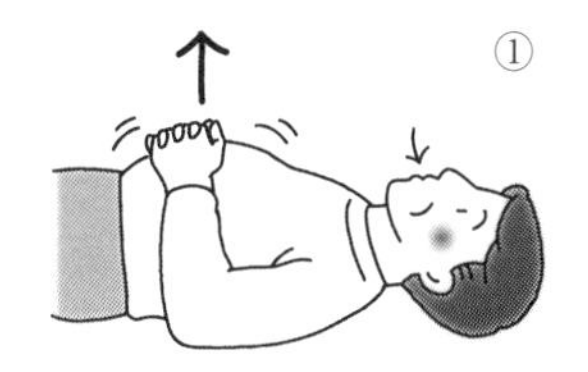

①横になり、両手をお腹の上に置いて組み、両手でお腹を少し押しつけるようにする。息を大きく吸って、腹壁を上に押し出し、両手を押し上げる。
②両手で、腹壁をへこますように力を入れて、息を大きく吐く。

④呼吸法を変える

ここではさらに難しくなります。

これまでは、腹筋の動きと呼吸を連動しないような腹筋運動を実践してきましたが、ここでは特殊な呼吸の仕方を紹介します。

まず、大胸筋に力を入れましょう。脇の下に物を挟んで上腕を体の横に押し付けるイメージで力を入れて下さい。それと同時に、腹筋に力を入れて腹壁も胸壁と同様に緊張させます。そうすると、胸壁と腹壁がほとんど動かない状態となります。そうしておいて、胸とお腹の間にある筋肉の膜である横隔膜（下の図の太い線の部分）を上下させるイメージで呼吸をしましょう。横隔膜を収縮させて肺を下方に引っ張ることによって肺に空

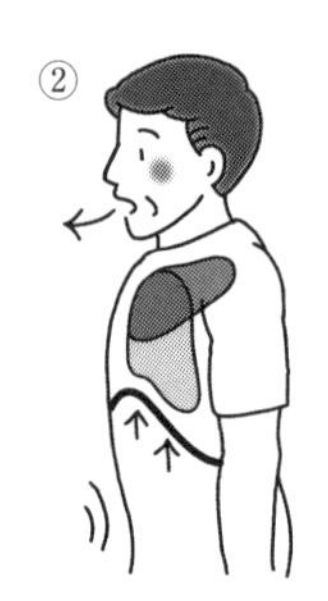

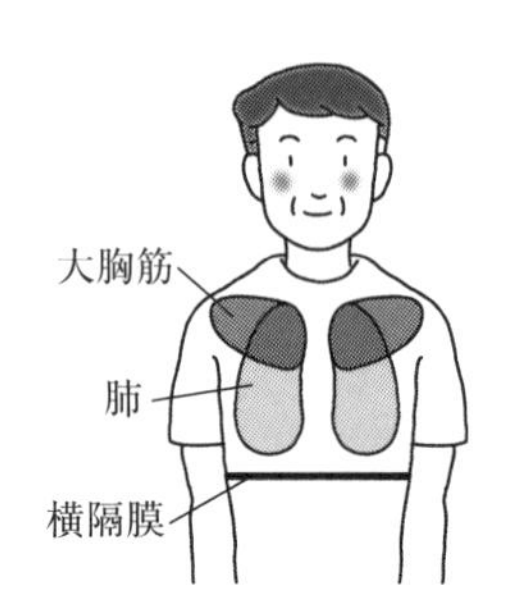

①大胸筋に力を入れる。脇の下に物を挟んで、上腕を体の横に押しつけるイメージで。

②その状態のまま腹筋に力をいれて緊張させ、その状態で横隔膜を上下させて、呼吸する。

※実際には、腹筋を緊張させたまま、腹式呼吸を行っているのと同じことになる。

気を入れ、横隔膜を弛緩させることによって肺を縮ませて、その力で空気を吐くようなイメージです。実際には、腹筋を緊張させ、その状態のまま腹筋をゆっくり動かして、腹式呼吸を行っている状態になります。

通常の呼吸では肋間筋と横隔膜を使っているのに対して、この呼吸法は、大胸筋と腹筋を拮抗筋として使い、呼吸運動に負荷をかける方法であり、呼吸をするのにかなりの筋力を使うので、消費エネルギーはその分上昇します。

⑤入浴の時間を利用する

最後に入浴中にできる方法を紹介しましょう。

これは最近取り入れた方法なのですが、入浴中、体を温めているときに、できるだけ速く腹筋を出したり引っ込めたりします。お腹の部分はお湯に浸かっていますので、お腹を膨らませる際、水圧に拮抗して動かさなければいけません。その分、運動量が増

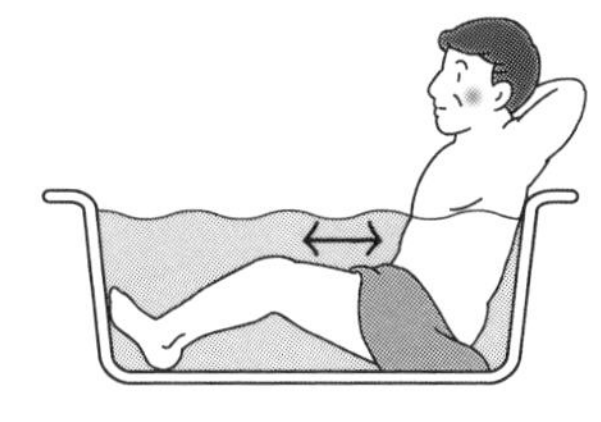

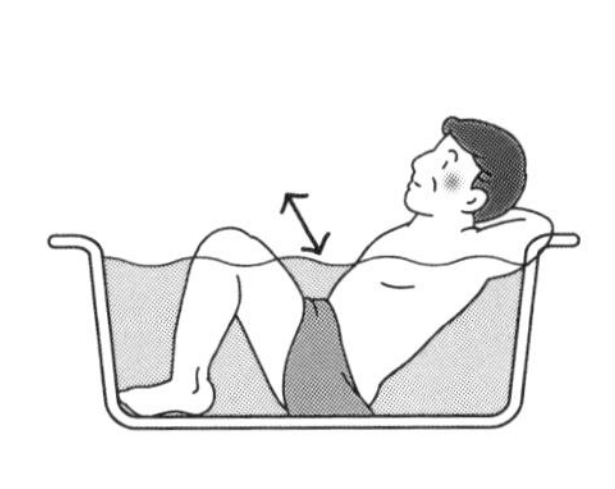

すわけです。体の傾きで腹筋にかかる負荷が異なってきます。お湯に浸かっている体の位置をいろいろと変えてやってみて下さい。

この際、気をつけていただきたい点があります。血圧の高い方や肺の機能が低下している方、心臓の病気がある方にはおすすめできません。また、お風呂の温度が高過ぎるとのぼせてしまいますので、お湯の温度は四一度以下を目安にして下さい。

あくまでもお湯に浸かって温まる時間を有効に使うという考え方のもと、行って下さい。

「川村式ウォーキング=腹ぺこウォーキング」のプラス効果

この方法のもうひとつのメリットは、腹筋を使いながら歩くと自動的に腸もゆすられるので、便秘対策にもなる点です。私も勤務先の最寄りの駅から病院へ向かう間、この歩行を実践しています。すると、病院に到着後、必ずといっていいほど心地よい排便ができます。

さらにもうひとつ、プラスの効果があります。腹筋を使うと、同時に腰椎の回りの筋肉も自動的に動かすようになり、両方の筋肉が鍛えられ、腰痛予防および改善にも効果があります。鍛えられた筋肉がコルセットのような働きをし、背骨を支えるからです。

筋肉を鍛えようとして重い負荷をかける方が多いのですが、あまり無理をすると、その重い負荷が筋肉に過剰な負担をかけてしまいます。その結果、筋肉を傷めるだけでなく、腰椎や椎間板にも負担をかけることにもなります。しかし、この歩き方では、腰椎や椎間板へ負担がかかることがほとんどありません。痛みがなく、しかも余分な時間や器具も使わず、両手がふさがっていても実践できるのです。

「ただぶらぶら歩くだけではもったいない」「積極的に消費カロリーを増やし、筋肉を使用して老化を防がないともったいない」と考えて下さい。人間、もったいないと感じることはやらなくなります。そうすると、ただ単に歩くという動作が、腹筋運動を伴った運動、つまり「川村式ウォーキング＝腹ぺこウォーキング」に変わります。日常的に継続することができますので、「リバウンドがない」のです。

継続するためのポイント

どんなダイエットも、成功させるには、継続が大事です。「川村式ウォーキング＝腹ぺこウォーキング」も例外ではありません。そのためには、「この歩行をしなければ何も変わらない。でも、この歩行を実践すれば通常の生活をしていても腹囲、つまりお腹の脂肪が減ってくる」と、常に自分に言い聞かせて下さい。

日常生活における私たちの歩行数は、外勤の方で一万歩以上、内勤の方で七〇〇〇歩、少なめの人で五〇〇〇歩、あまり外出しない人でさえ三〇〇〇歩近くあるといわれています。序章でお話ししたように、私たちは日常的な動作に関しては、できるだけ無駄を省くように体を動かしています。歩行もその一例です。よって、ただ歩いているだけではエネルギー消費量はほとんどありません。これまでと同じ歩き方をしていては、お腹の脂肪に変化は起きないのです。

しかし、同時にお腹を出したり引っ込めたりする行為を加えれば、一歩に一回動かす場合は、一万、七〇〇〇、五〇〇〇、三〇〇〇回の腹筋運動が、二歩に一回動かす場合でも、五〇〇〇、三五〇〇、二五〇〇、一五〇〇回の腹筋運動ができます。これが習慣化すれば、リバウンドは起きません。歩くこと自体が、お腹に脂肪をつけない行為に変わるからです。

繰り返しになりますが、この歩行は、余分な時間も、器具も、費用もかかりません。両手がふさがっていてもできますし、やろうという意識を持ったその瞬間から実行が可能なのです。「やらなければ損をしている」と考えましょう。

ケーススタディ〈自分でやってみました！〉

二〇〇八年の五月末に受けた病院の定期健康診断のとき、私の体重は七〇・八キロ、腹囲は八一センチでした。それから七カ月後の十二月の末、ここで紹介した歩き方を始めました。そのときの体重は七三キロで、おそらく腹囲は八三、四センチあったと思います。翌二〇〇九年六月の定期健康診断時の測定では、腹囲が七一センチで、前年の八一センチから一〇センチ減少したことになります。また、お腹の脂肪が減ったことでくびれができ、大胸筋が発達したおかげで胸もたくましくなりました。

写真を見ていただければおわかりになると思いますが、二〇〇八年の写真ではくびれなどまったくなかった私ですが、二〇〇九年には、ウエストにはっきりとしたくびれができています。

この変化の間、ジムに通ってトレーニングをしたわけでもなく、余分な費用や時間をかけたわけでも、食べものやアルコールを特別に我慢したわけでもありません。

「運動もせず、食事制限もしないで、痩せられるわけがないでしょう！」と思われるかもしれませんが、できてしまったのです。

歩いているときは意識的に腹筋運動を行い、それと並行し、第三章以降で紹介する食事療法を無理のない（我慢をしない）範囲で始めました。それが二〇〇八年十二月末頃のことです。しかし、ちょうどこの頃は忘年会やクリスマス会などがあり、一時七一キロに減っていた体重は、七月末頃のビールをよく飲んでいた頃と同じ七三キロにまで増えていました。しかし、そこであきらめず、腹筋を動かしながら歩く「川村式ウォーキング＝腹ぺこウォーキング」と食事療法を続けました。

それから約三カ月後の二〇〇九年の三月中旬のことです。娘が何気なく口にした、「ダイエットの講義をするのに太っていたら恥ずかしいね」とのひとことが気になり、ふと自分の姿を鏡で見てみました。すると、想像以上にお腹回りがスッキリしているではありませんか。自分ではウエストが少しゆるくなってきたぐらいにしか思っていませんでしたので、この変化には驚きました。これほど変化するとは考えていなかったので、ダイエット開始直前には写真を撮っていませんでした。二〇〇八年十二月末頃とほとんど同じ体重であった同年の七月に海に行ったときの写真があったので市民講座で紹介したところ、大いに反響がありました。

お腹回りがすっきりしたのを実感して以来、約一年もの間、同じ状態を継続しています。

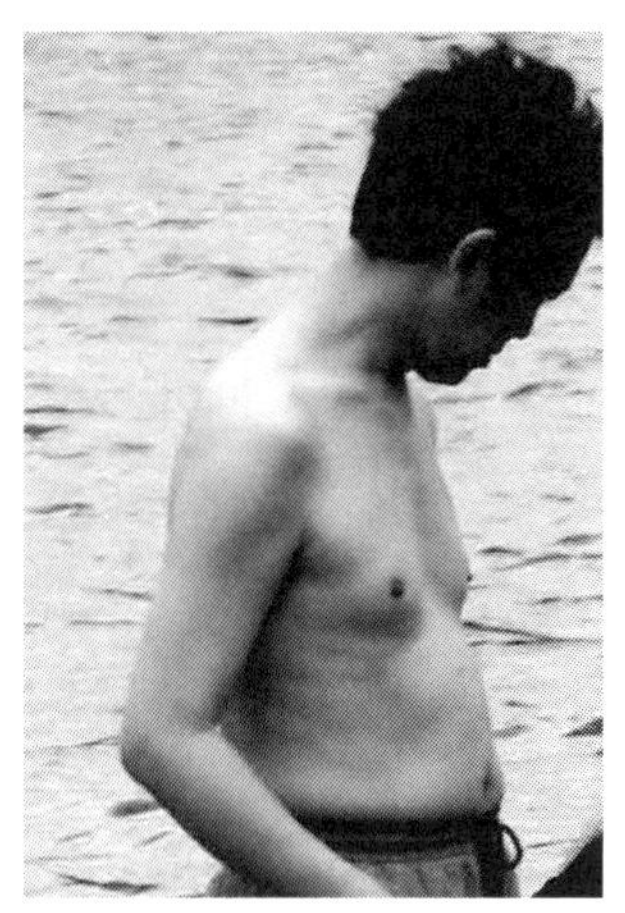

2008 年 7 月撮影

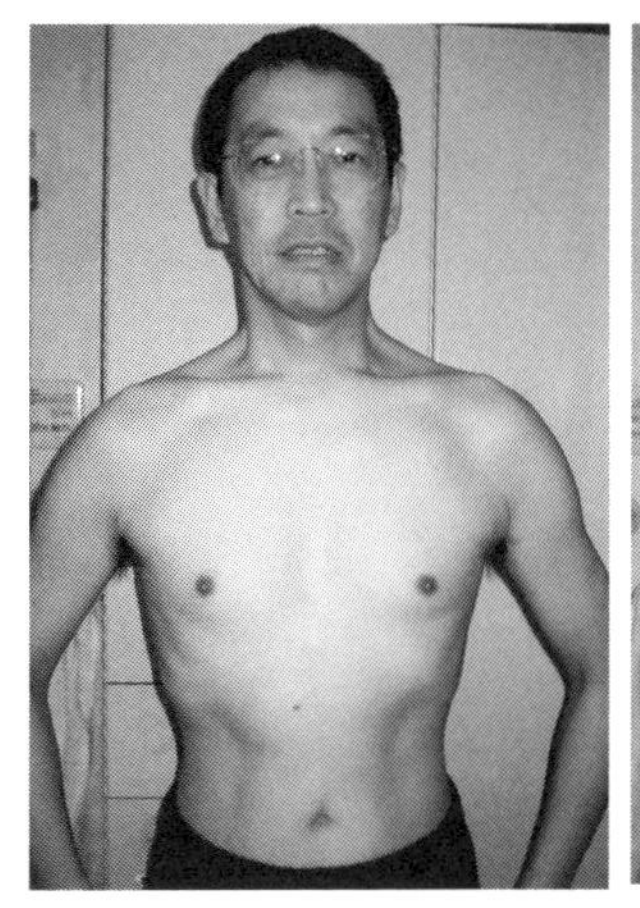

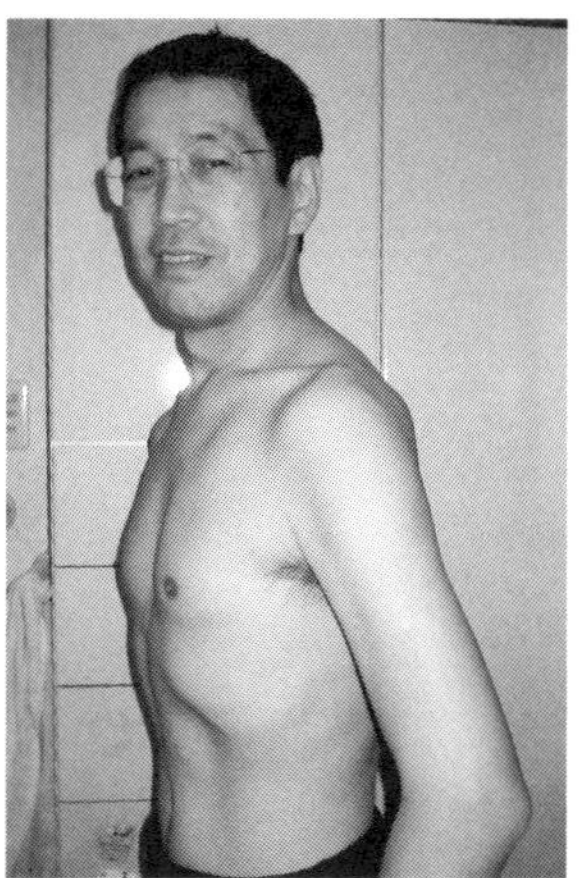

2009 年 4 月撮影

私が勤務している病院の職員で、「川村式ウォーキング＝腹ぺこウォーキング」に加え、後述する無理をしない程度の食事療法を実践され、二〇キロ以上の減量に成功されている方が二名います。ひとりは半年ほどで達成し、現在も頑張っていらっしゃいます。ふたりともそれなりに体重のある方です。

「川村式ウォーキング＝腹ぺこウォーキング」を実践した場合、どのぐらいで結果が現れるのかについては、私自身は残念ながらはっきりと変化を自覚していなかったのですが、健診や外来で「川村式ウォーキング＝腹ぺこウォーキング」をもとに指導を行い、その結果、減量に成功した人たちの話では、十日から二週間ぐらいでお腹が柔らかくなったことに気づかれ、一カ月ぐらいでベルトの穴が内側にシフトするようになったそうです。

このお腹が柔らかくなる変化は、ホオズキの実を揉みほぐして笛を作るときに似ていると思います。硬くてびくともしないホオズキの実を優しく繰り返し揉んでいるうちに、徐々に柔らかくなり、細い穴から中身を取り出すことができるようになる点がよく似ているのです。

ただし、この変化に関しては、当然個人差があります。運動時間や食事の仕方によって結果は大きく変わってくるでしょう。ただひとつだけいえることは、効果を出すには、長時間お腹の筋肉を動かし続けることが必要だということです。速く動かせば当然効果は大きくなりますが、続けてできなければ意味がありません。ゆっくりでもいいので継続して動かし続けることが大切です。

「川村式ウォーキング＝腹ぺこウォーキング」の注意点

病気で治療を受けていたり、様子を診てもらっていたりする方、特に次に挙げる項目に当てはまる方は、「川村式ウォーキング＝腹ぺこウォーキング」を行う前に、この方法を行っても問題がないかどうかを主治医にご確認下さい。

（1）尿管の狭窄のある方やなんらかの理由で腹部の臓器に管（ステント）が挿入されている方

かなりの回数、腹部の臓器を動かしますので、異物が入っていると、その異物と自分の体の接触部がこすれて、組織にダメージを与える可能性があります。

（2）胆石、腎臓結石、尿管結石など腹部に結石がある方

通常は石があっても問題ないのですが、発作が起きているときや起きかかっているときに、この方法を行うと増悪する可能性があります。発作時は、「川村式ウォーキング＝腹

ぺこウォーキング」はやらないで下さい。また、やってみて変だなと思われたときにはすぐに中止して下さい。

（3）胃潰瘍・十二指腸潰瘍、肝炎や腎炎などがあり腹部臓器の安静が必要な方

「川村式ウォーキング＝腹ぺこウォーキング」を行うと、お腹の臓器が多少は動きますので、安静を保てないこともあります。お腹の臓器の安静が必要な方は、この方法を行う前に、「川村式ウォーキング＝腹ぺこウォーキング」をやって問題ないかどうかを主治医にご確認下さい。

（4）下痢や腸の疾患がある人

「川村式ウォーキング＝腹ぺこウォーキング」は便通をよくして便秘解消に効果を発揮するのですが、腸にひどい癒着や大腸ガンなどがあり強い狭窄がある場合、この運動を行うと症状が悪化する可能性があります。やっている最中に腹痛が生じて排便しても改善しなかったり、痛みがひどくなってきたりする場合には、消化器専門の医師に診てもらって下さい。また、下痢がひどいときや潰瘍性大腸炎などの腸の疾患がある方は、腸の状態がよくなるまでは、この運動をしないで下さい。

（5）アトピー性皮膚炎や皮膚の弱い方

速く腹筋を動かすと、皮膚がこすれることがありますので、ゆっくり動かしましょう。腹筋運動は二歩で一回、あるいは四歩で一回といったようにゆっくりと動かして下さい。そうすれば皮膚への負担がほとんどなくなります。または、六三ページの「③お腹に力を入れながら歩く」や、六四ページの「④呼吸法を変える」で紹介した、両脇に物を挟んだつもりで上半身（大胸筋）に力を入れて、ゆっくり腹筋を動かす歩き方をおすすめします。あるいは、入浴中など、服を着ていない状態で腹筋を動かすようにしましょう。

3　大胸筋増強のための運動

荷物を利用したトレーニング

これまで紹介した方法は、腹筋を鍛えることで腹部の脂肪を燃やし、ウエストを細くしますが、残念ながら、大胸筋はほとんど使われません。

筋肉は使わないと衰えます。言い換えれば、使えば使うほど増強できますし、その結果、若返って見えるようになります。七一ページの写真をもう一度見て下さい。お腹のくびれもちろんですが、二〇〇九年の写真のほうが、数歳若返って見えませんか？

私が実践したのは実に簡単なことです。通勤途中、背筋を伸ばし、大胸筋に力を入れながら歩いたのです。

歩行中は、大胸筋に力を入れつつ、手に持っている荷物を少し持ち上げて手を振らないようにして歩きます。電車に座っているときには、脇を体に押しつけ、肘から先の前腕全体で腿の上に置いた荷物を腿のほうに押しつける感じで、数秒間力を入れます。

ここで注意してほしいのは、力を入れるときに、決して息を止めて力まないようにするということです。この状態を医学用語で「バルサルバ手技」といいますが、こうすると血

①

②

①腿の上に置いた荷物を、両肘で自分の体のほうに引きつけ、脇に挟むようにして、数秒間力を入れる。
②かばんを少し持ち上げて、脇に物を挟むように上腕を体に引きつけ、胸を張って、大胸筋に力を入れたまま歩く。

圧が上がりやすくなります。特に血圧が高い方は注意して下さい。息を吐きながら、または、ゆっくり呼吸をしながら力を入れるようにしましょう。

武術などの鍛錬をする際、初めのうちは呼吸法の習得に時間を割くといわれています。それはこの点を意識してのことだと思います。

こうした運動を繰り返したことで、貧弱だった胸が、大胸筋を鍛えることで隆起し、たくましく締まった胸に変化しています。

大胸筋増強のための運動を整理しましょう。

通勤の歩行時、人通りがあまりないときに、手にした荷物を少し持ち上げ脇を締め上腕を体に押しつけるようにして、胸を張って大胸筋に力を入れたまま歩きます。荷物を上下させるのもよいのですが、このときは、反動を利用しないようにしましょう。力を入れる時間を長くすれば、筋肉痛も出てくるぐらい負荷をかけることもできます。

同時に背中の肩甲骨の間を狭めるように力を入れると、より姿勢がよくなり、普段あまり使わない筋肉を鍛えることもできます。

4　日常生活の中の運動

勢いをつけずに動く

椅子に座るときに、前傾姿勢にならず、少しずつ膝を曲げてゆっくり座ってみて下さい。普段ドスンと勢いをつけて座っている方は、いつもと比べて脚全体の筋肉をかなり使っていることに気づきませんか？　体を落とすようにドスンと座るということは、脚の筋肉を弛緩させると同時に、重力を利用して座っているのです。しかし、ゆっくり座る場合、自分自身の体重を支えながら、膝を曲げることになります。さらに、座るまでの間、脚全体で体重を支えているので、運動量が飛躍的に増加します。

前述したとおり、日常的な動きをする際、私たちはできるだけ筋力を使わないようにしているので、普通に生活をしていると筋力は徐々に低下してしまいます。筋力の低下は、加齢のせいではなく、使わないことによる廃用萎縮が主な原因なのです。

また、自転車に乗っているときを想像してみて下さい。ゆっくり進んでいるときは、絶えずバランスをとりながら駆動力を出す必要があります。しかし、ある程度スピードを出せば、バランスのことは考えずにスイスイ進むことができます。

私たちの日常の動きにもこれと同様のことがいえます。勢い（反動）を利用することで、できるだけ筋力を使わないよう動いているのです。しかし、勢いを利用せずに、自身の体重を絶えず支えながら動こうとすれば、足腰に力を入れてバランスをとる必要があります。そのことを意識して動けば、日々の生活そのものが筋肉トレーニングとなるのです。

5　片脚立ちのトレーニング

立っている時間を有効に使う

テレビなどで放送されている老化現象を判定する方法のひとつとして、「立ったまま靴下を履くことができるか」というものがあります。実際、私自身も、四〇歳を過ぎてから、靴下を履くときに少しよろけるようになっていました。お酒を飲み過ぎて酔っ払ったときなどは、靴下を脱ぐ動作も不安定となり、ころびそうなときもありました。歳を取ったせいにしていましたが、よくよく考えてみると、今まで述べてきたように、日常生活の中で、片脚でバランスを取るような状況をできるだけ避けてきたことが主な原因でした。

そうだとすると、バランス感覚と筋力の低下を改善すれば、よくなると思いつきました。とはいっても、わざわざ時間を割いて、バランス感覚を養うトレーニングや、片脚立ちの際に使う筋肉強化のトレーニングをやる意欲はありません。そこで思いついたのが、エスカレーターに乗っている時間を利用することです。階段を使ったほうがよいのがわかっていながら、長い階段だとついついエスカレーターに乗っている自分に対しての言い訳にも使えます。

私が行ったのは、次の①から⑤の項で説明するトレーニングです。実際にやってみたところ、初めはかなり不安定で、うまくできませんでしたが、①の利き脚での片脚立ちは、すぐに安定しました。バランスを崩して転倒したり、エスカレーターの下のほうに落ちたりすると危険ですので、今でも、すぐに体を安定できるように軽く手すりに手を触れながらやっています。同じ脚ばかり使ってやるのではなく、ときどき脚を替えてみますと、初めにやっていたときよりも、安定性が悪いことに気づきました。利き脚とそうでない脚の違いです。

数カ月続けたあとの冬休みに、子どもたちの希望で、スケートに行きました。滑ってみると、以前に比べて安定感があり、かなりの時間片脚で滑っていられる自分に気がつきました。また、スケートに行った翌日にも変化が現れました。以前は、スケートに行った次の日は、両腿やふくらはぎに筋肉痛を感じ、満員電車で両脚を踏ん張ると脚が攣りそうになっていたのに、この片脚立ちのトレーニングのおかげで、両脚に軽い疲労を感じる程度で、以前ほど疲労が残っていなかったのです。

私はこのトレーニングをエスカレーターに乗っているときにやっていますが、別にエスカレーターでやらなければいけないというわけではありません。机の横でもできますし、誰かとの待ち合わせなどのちょっとだけあいた時間や、電話で話をしているときにも行うことができます。いろいろと工夫をしてみて下さい。

ただし、この方法は決して無理にやらないで下さい。まず、普通に立っている状態で片脚立ちができるようになるまで練習してから始めて下さい。壁などにつかまりながら片脚立ちをして、体がぐらぐらしない状態で数分間保てるようになってから①に進んで下さい。また、何かにつかまっている手に力が入らないと、バランスを崩したときに体を支えられず危険です。バランスが崩れたときに体を支えることができない人はやらないで下さい。

足を床から離さない状態でもできます。どちらか片方の脚に体重のかなりの部分をかけるようにするのです。その姿勢をある程度保てるようになれば、足を床から離してやってみましょう。

①利き脚での片脚立ち

普通に立っていても、均等に両方の脚に体重をかけている人は少なく、体重はどちらか片方の脚に偏っています。まず、片脚立ちしてみて下さい。どちらか片方の脚のほうがバランスを取りやすいと思います。その脚が利き脚ということになります。

エレベーターやエスカレーターに乗っている時間は、特にすることがありませんので、せめてこの片脚立ちをして、脚の筋力強化とバランス感覚のトレーニングをしましょう。まずは、バランスを取りやすい利き脚で片脚立ちをしてみましょう。

当然バランスを崩すととても危険ですから、すぐに手すりにつかまれるようにしておいて下さい。

②反対の脚での片脚立ち

利き脚での片脚立ちが簡単にできるようになったら、次は脚を替えてやってみて下さい。

普段、利き脚のほうに重心をかけることが多いので、反対の脚で立つと少し不安定になると思います。利き脚と同じぐらいの安定感を保てるようになるまで続けて下さい。

③利き脚でのつま先立ち

反対の脚でも安定して立てるようになったら、次は利き脚でつま先立ちをして下さい。つま先立ちをすることで足の裏と地面が接触する部分が極端に減少するので、安定感が悪くなります。この動作は、普段あまり使っていない筋肉の鍛錬になります。バランスを崩して倒れると危険ですので、②がしっかりクリアできるようになってからトライして下さい。また、倒れそうになった場合、すぐつかまるものがある場所で行って下さい。

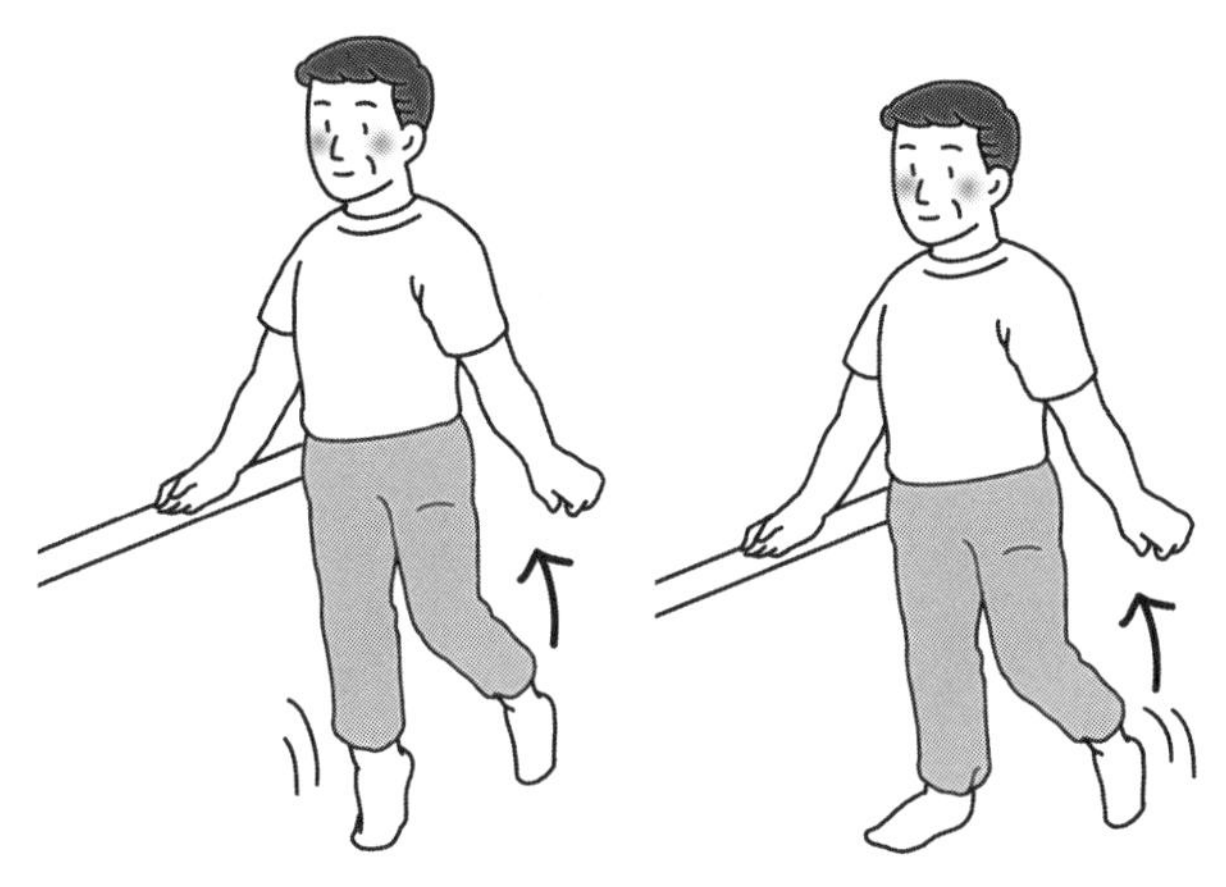

つま先立ち

片脚立ち

④反対の脚でのつま先立ち

②と同様、利き脚でないほうの脚でつま先立ちをする場合、バランスがとりにくく、腿、膝、ふくらはぎにかなりの負荷がかかります。つま先で安定して立てるようになれば、ちょっとした段差につまずくなどしても多少バランスを崩しても、ぐっとこらえることができるようになるため、転倒する危険性が少なくなります。

⑤膝を曲げての片脚立ち

では次に、膝に力を入れて真っ直ぐに立つ場合の片脚立ちをしてみましょう。この片脚立ちは、比較的バランスがとりやすいと思います。しかし、膝を曲げてみるとど

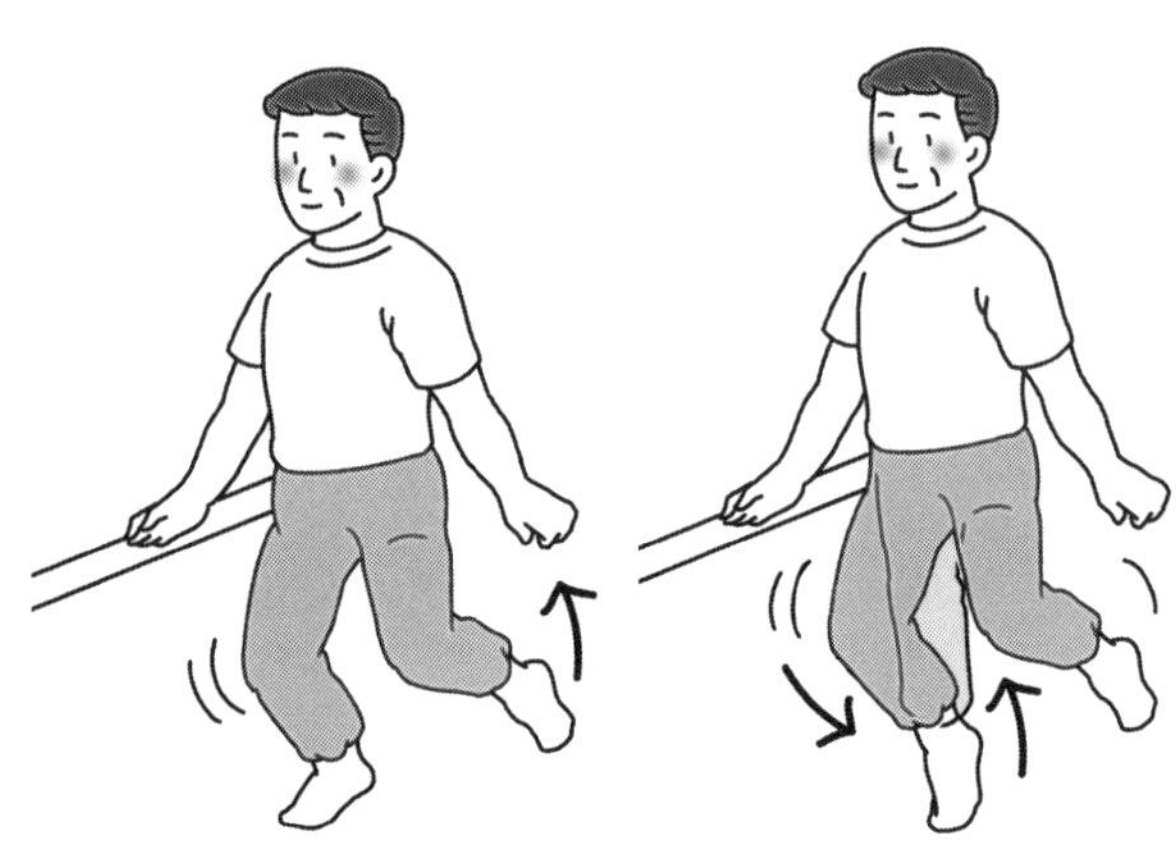

膝を曲げての片脚立ち（左）
つま先立ちの膝の曲げ伸ばし運動（右）

うでしょう？　膝の回りの筋肉の収縮具合が変化しますので、安定性が悪くなり、バランスをとるため結構いろいろな筋肉を余分に使うことになります。反対の脚でもやってみましょう。

⑥つま先立ちの膝の曲げ伸ばし運動

⑤の状態から、膝を曲げたり伸ばしたりしてみましょう。この動作は、バランスを崩しやすいので、エスカレーターの上ではやらないで下さい。動かない床や地面の上に立っているときに行って下さい。つま先立ちの状態で、ゆっくり膝の曲げ伸ばしを行います。不安定な体勢をとることになりますので、壁や手すりなどに少し手や指を触れた状態で行うと安心です。また、この動作は膝への負担が大きいので、痛みや違和感を覚えたらすぐにやめて下さい。片脚でうまくできない方は両脚で行ってもいいでしょう。その際、片方の脚に体重をかけるようにして立ってみて下さい。こうすれば体重をかけたほうの脚の筋肉に負荷をかけることができます。片脚立ちをした場合よりもいくぶん負荷は軽くなりますが、それでも十分な運動になります。

6　膝を痛めている方に向いている運動

水中歩行の効果

体重をかけると膝が痛むという方のためのトレーニング方法です。

膝を悪くしている方の場合、「プールの中で歩きましょう」とすすめられたことはありませんか？　これは水の浮力により体重を軽くし、膝への負担を少なくしながら鍛えるためです。しかも脚を前に動かす際、水の抵抗がかかりますので、それが非常によいトレーニング効果をもたらし、膝を痛めた方のリハビリに理想的な方法です。

しかし、この水中歩行を行うためにはプールに通わなければいけません。水着に着替える煩わしさなどを考えると、なかなか継続してできないというのが現状ではないでしょうか。

座ったままでできる膝の筋力アップ

そこで、座ったままでも膝の筋力アップが可能な方法を紹介します。この運動は、膝が痛くならない程度の力でやって下さい。

　椅子に座った状態で、膝の回りの筋肉に力を入れてみて下さい。力を入れる感覚がつかみにくい方は、足を床に押しつけるようにして膝に力を入れて下さい。それも難しいようでしたら、バスタオルを数回折りたたみ、二、三センチぐらい（やりやすい厚さで構いません）の厚さにしたものを膝の間に挟み、それを両側から押しつけるように力を入れましょう。そのまま五秒間ほど力を入れた状態を保って下さい。

　その際、息を止めると血圧が上昇するので、ゆっくり息を吐きましょう。五秒間がつらければ、三秒ほどでも構いません。

　この動作は、病院で診療を待っているとき、電車に座っているとき、自宅でテレビを観ていると

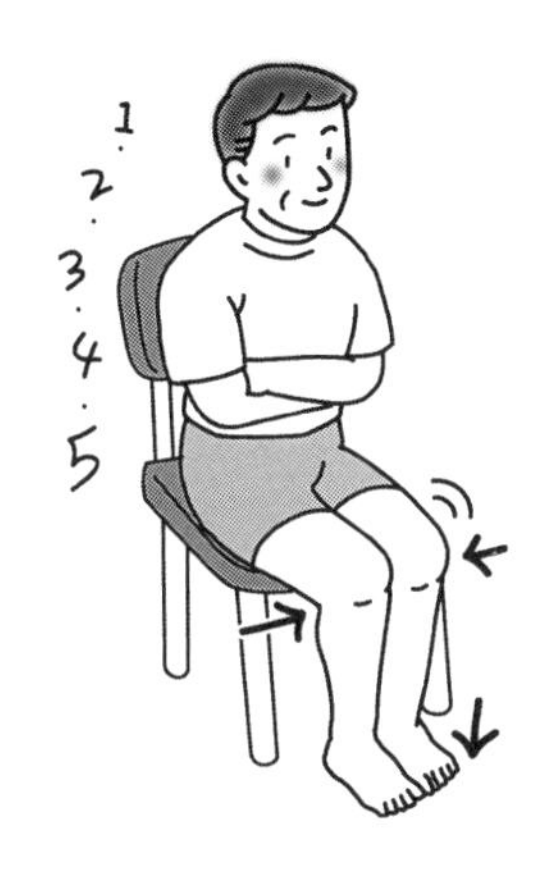

①椅子に座ったまま、足裏を床に押しつけるようにして、膝回りの筋肉に力を入れる。
②脚と脚との間に物を挟むイメージで、両側から足を押しつけ、その姿勢を五秒間ほど保つ。

きなど、椅子に座っている状態であれば、いつでもできます。自宅は全て畳敷きだという方もいらっしゃると思います。その場合、座布団を何枚か重ねた上に座り、試してみて下さい。テレビでコマーシャルが流れる間、喫茶店で人を待っている間など、日常生活の中で何もしない時間は結構あります。その時間を利用してこの運動を行えば、膝の回りの筋肉は確実に鍛えられます。また、歩くときの膝の痛みがかなり軽減されると思います。

7 エアー・エクササイズ

バーベルを使わずに同じ効果を

エアー・エクササイズと私が名前をつけたトレーニング方法があります。

まず、横になり両腕でバーベルを持ち上げるベンチプレス・トレーニングを想像してみて下さい。ベンチプレス・トレーニングは、かなりの重さのバーベルを持ち上げなければならないため、もし、耐えきれなくなってバーベルを落としたら危ないと思われたことはありませんか？　しかしこのトレーニングならば、重りが落ちてくることを心配する必要も、重いものを動かす際、ついやってしまう勢いをつけることもしなくてすみます。しかも、自分で作り上げた負荷ですので、運動を止めると考えた瞬間に負荷をなくしてしまうことができます。つまり、トレーニングに伴う事故発生の危険はほとんどありません。

どのように行うかというと、まず、実際にバーベルを両手に持っていると仮定してみて下さい。次にバーベルを持っているつもりで、両方の手を上に持ち上げるようにして下さい。この動作は、横になってやられても、座ったままでも、立ったままでもOKです。

握っている手の指の筋肉、腕を伸ばそうとする筋肉、さらに大胸筋にもかなりの力が入ることが実感できると思います。

実はこのとき、手を曲げるときに利用する筋肉も収縮させて、想像で作り出したバーベルの重さ分の負荷を作っているのです。この動作を繰り返すことで、実際にバーベルを持ち上げるときには使わない筋肉も同時に鍛えることができます。

バーベルをはじめ器具を使ったトレーニングの場合、その器具の働きによって動く方向が決まっていますので、一定方向に動かすことでしか筋肉を鍛えることができません。しかし、このエアー・エクササイズでは、自分の意識次第で、体のあちこちの筋肉をいろいろな方向へ動かすことができます。負荷の程度も自由に変化させることができ、負荷のかけ方も自分なりに調節することができます。ぜひ試してみて下さい。

腕をはじめ、脚や腹筋、背筋など、さまざまな筋肉を、自由にしかも好きなときに好きなだけトレーニングできます。

ここでも気をつけていただきたいのは、筋肉に力を入れているときに決して息を止めないということです。息を止めると血圧が上昇してしまいますし、筋肉へ運ばなければいけない酸素が減少してしまいます。

短時間のトレーニングであれば、ゆっくり息を吐きながら力を入れて下さい。ある程度以上持続して行う場合には、まずゆっくり息を口から吐いて、その次に可能であれば鼻から息を吸うようにして、ゆっくり呼吸をして下さい。鼻炎などがひどくて鼻呼吸が困難な方は、もちろん口からで構いません。苦しくならない程度の時間で行って下さい。

その際、脈が遅めの方は、力を入れ過ぎないよう気をつけて下さい。力を入れ過ぎると胸腔内圧が上昇し、脈が一時的にかなり遅くなってしまうので注意しましょう。

このエアー・エクササイズは、どの筋肉にも応用できます。ご自身が鍛えたいと思っている筋肉（主運動筋）と、その筋肉に拮抗する筋肉（拮抗筋）両方に力を入れれば、いつでもどこでも自由にでき、負荷のかけ方や時間も調節可能です。いろいろと工夫してやってみて下さい。

8　拮抗筋を意識的に使って鍛える運動

筋肉が動くことを意識する

ある程度、肉体改造が進んでくると、胸や腹筋だけではなくほかの筋肉も鍛えたいと思われる方も出てくると思います。そんな方におすすめなのが、自分の拮抗筋を利用する方法です。

これは、高齢になり筋力が衰えた方や脳梗塞などの病気による不全麻痺が原因で筋力が低下してきた方向けのリハビリとしておすすめしている方法です。この拮抗筋を利用する方法において、徐々に筋肉に込める力を強くしていき、力を入れる持続時間を長くすれば、かなりの筋力アップが可能です。

筋力が低下した方は、自分の体重を支えることすら困難ですので、そこに余分な負荷をかけて運動することなど至難の業です。そのため、ついついリハビリを避けるようになりますが、体を動かさないでいるとますます筋力が低下し、ついには寝たきりの状態へと移行してしまう危険があります。

それを防ぐために考案したのが以下に示す運動法です。「エアー・トレーニング」の方法と重なる部分がありますが、日々の生活で使う筋肉に対する意識を変えるだけで実行できます。ぜひ試してみて下さい。誰でも簡単に実践することができ、無理なく筋力アップができます。

①脚を曲げながら椅子に座る

「4　日常生活の中の運動」でもお話ししたとおり、普段、私たちは脚の筋肉の力を抜き、体が下に落ちる力、つまり重力を利用して座っています。では、この動作を行う際に、ゆっくり脚を曲げながら腰を落として座ってみて下さい。途中からかなりつらくなってきませんか?

ゆっくり動くと、その時間の分だけ脚で体重を支えていなければならず、かなりの筋肉を使うことになります。ゆっくり座るこの動作では、脚の筋肉のほとんど全てを使って体重を支えているのです。筋力が衰えて不安定な方は、脚にかかる負荷を意識して、手で補助をして負荷を軽減しながら、ゆっくり膝を曲げて座りましょう。

②腕を曲げる

今度は腕を曲げてみましょう。特に力は必要ありません。ここでは腕を曲げるときに使う筋肉だけが収縮し、腕を伸ばすときに使う筋肉は弛緩しています。できるだけ効率的に体を動かすために、収縮させている筋肉に拮抗する筋肉は弛緩させているのです。

では、次に腕を曲げる際に拮抗する（腕を伸ばす際に使う）筋肉も収縮させてみましょう。前に伸ばした腕に力を入れて、その腕を内側に曲げ、力こぶをつくってみて下さい。このとき、腕全体に力が入っていますので、

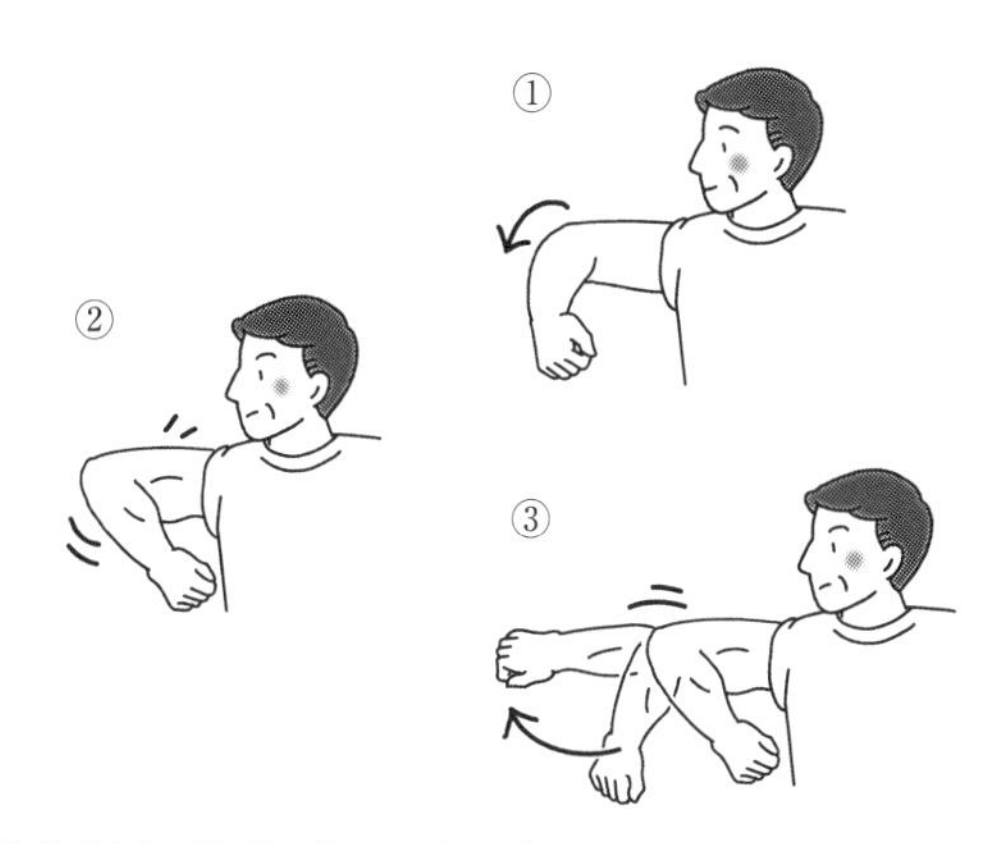

①②腕を内側に曲げ、力こぶをつくる。
③筋肉に力を入れたまま、腕を少しずつ伸ばす。

曲げる筋肉も伸ばす筋肉も収縮しています。次に力を入れたまま、腕を少しずつ伸ばしていきましょう。腕にかなり力が入りますので、運動した気分になりませんか?
先ほど、力を入れずに腕の曲げ伸ばしをしていた際と比べてみて下さい。同じ動作でありながら、拮抗筋にも力を入れて曲げ伸ばしをすると、かなり腕が疲れますよね。つまり消費カロリーはかなり増加していることになります。

日常生活において、動かそうとする筋肉と、それに拮抗する筋肉を絶えず意識して収縮させることができるようになると、今までと同じ動作をするだけで、消費カロリーは飛躍的に増加します。つまり、特別なことはなにもせず、ダイエットをすることが可能になるのです。

しかも、スポーツジムでよく見かけるバーベルやダンベルといった重い器具を使用しませんので、筋肉や腱、関節への負担が少なく、体に優しい運動トレーニングといえるでしょう。ゆっくり体を動かすという意味では、太極拳と考え方が似ているかもしれません。
ただし、ここで紹介している方法では、ゆっくり動くだけではなく、拮抗する筋肉を絶えず意識することが重要なポイントです。

③寒さ対策

立っている姿勢で両手を握りしめ、大胸筋、腹筋、両脚など全身の筋肉に力を入れてみて下さい。なんとなく温まってきませんか？　夏なら暑くなってきます。

寒いときには震えますね。これは全身の筋肉を収縮させることにより、熱をつくっているのです。よく、手をこすり合わせている方がいますが、外気温が極端に低いと、こすり合わせてつくった熱よりも、寒い空気に新たに触れることによって失う熱のほうが多く、かえって冷えてしまうこともあります。しかし、全身の筋肉に力を入れれば、効果的に熱をつくり出せます。

何度も繰り返し書きますが、力を入れるときは、息を止めないでゆっくり吐いて下さい。

9　注意！　重い負荷が体を壊す！

自分の筋力を自覚する

筋肉を鍛えるためのさまざまなトレーニング方法があちこちで紹介されています。しかし、それらは往々にして、筋肉に重い負荷をかけ、それに対抗できる筋力をつけようとするあまり、さらに勢いをつけて、重い負荷をかけるようにしているものが多いように感じます。これは非常に危険なことです。

なぜ危険なのかを説明しましょう。運動エネルギーは、重さが重いほど大きくなり、スピードが速ければ速いほど倍々に（実際はスピードの二乗に比例して）大きくなります。例えば、バーベルなどの重さが重いほど、またそれを速く動かせば動かすほど、運動エネルギーは飛躍的に増していきます。ですがバーベルの動きを止めると、バーベルが持っていた運動エネルギーは、それを動かしていた筋肉、関節、靭帯などにかかることになります。筋力が弱い状態であるにもかかわらず、いきなり強い負荷をかけて筋力を高めようとすると、大きな運動エネルギーを吸収できずに、筋肉、関節、靭帯を痛めることになってしまうのです。

つまり、自分の筋肉の力に応じて負荷をかけることが重要なのです。

しかし実際は、誤ったトレーニングを行ったために関節を壊してしまい、リタイヤしていくスポーツ選手も少なくありません。スピードを競うスポーツでは瞬発力が要求されるため、体を速く動かすトレーニングを行う必要があります。しかし、ある程度筋力を強化してからスピードを出す訓練をしないと、それらの筋肉を支えている関節が先に壊れてしまうのです。これでは、筋力アップという目的からずれてしまいます。

　腕立て伏せや仰向けの状態から体を起こす腹筋運動などは、その典型的な例です。腕立て伏せは、腕の筋肉を、腹筋運動は腹部の筋肉を鍛えるために行う運動です。しかし、目標回数をこなそうとするあまり、勢いや反動をつけて時間当たりに行う回数を増やしていませんか？　自分の体重を腕に感じながらゆっくり行う腕立て伏せと、勢いを利用して行う腕立て伏せでは、効果に大きな差が出ます。短時間で数をこなす腕立て伏せよりも、ゆっくりと時間をかけて行う腕立て伏せのほうが筋力強化には有効です。

　さらに、ここで発想を変えてみましょう。腕立て伏せに使う筋肉とそれに拮抗する筋肉を同時に収縮させて腕の曲げ伸ばしを行えば、通常の腕立て伏せと同じような効果が期待できる筋肉トレーニングができます。腕立て伏せのように、腕に体重の負荷がかかることがありません。この方法ならば肘への負担も少ないので、私のように肘を痛めていても行えます。

ダイエット川柳②【美と健康】

好きなとき　お腹へこませ　くびれでき

歩行中や空き時間を利用し、お腹を出したり引っ込めたりする運動をすれば、手軽にシェイプアップできます。時間も場所も選ばない効率的なダイエット方法です。

顎を引き　背筋伸ばして　見栄(みば)えよし

お腹を引っ込め、目線を上にするだけで、姿勢はぐんとよくなります。この姿勢で歩けばダイエット効果が期待できる上に、スタイルよく見せることもできます。

入浴中　腹筋動かし　美腹でき

入浴中に腹筋を動かしましょう。お腹に水圧がかかる分、運動効果が高まります。

第三章　食事療法とは

ダイエットと聞いて、誰もが思い浮かべるのが食事制限ではないでしょうか。脂肪分の少ない食事を摂る。肉を魚に替える。一回の食事の量を抑える。炭水化物の量を減らす――など、いくつかの方法が思いつくでしょう。これらの方法を実践することで、確かに摂取カロリーは減るかもしれません。

しかし、食べる量を減らす、あるいは好きなものを我慢すると、精神的なストレスが増すことも考えられます。食べたいという欲求を無理に抑えてしまうと、思わぬところでその反動が襲ってくるかもしれず、イライラしたり、ついつい高カロリーなお菓子に手を出したりしてしまう結果にもなりかねません。

そこで、この章では、食べたい欲求を無理なく抑えるための方法をいくつか紹介しようと思います。

食べるスピードを見直す、食事中にある工夫をするといった、食事に対する考え方をほんの少し変えるだけで、食欲はある程度コントロールできます。余分なストレスを感じることなく食事制限をやっていきましょう。

1　食事療法をする際に気をつけること

食事療法の有効性を高める

第二章で紹介した運動療法を実行し、ある程度のエネルギーを消費しても、食べる量が増加すれば、効果が半減しますし、場合によっては、逆に太ってしまうこともあります。ですから、運動療法に加えて食事療法を取り入れることを、ぜひおすすめしたいと思います。

ここで紹介する全てを実行していただければ、より短期間で効果的にダイエットを行うことが可能です。しかし、無理はしないで下さい。できることをやっていただくだけでよいのです。やらない場合でも、ここで取り上げている内容を理解して、太ってしまうような行動は控えるようにしましょう。

食事療法をする際に気をつけていただきたいことを挙げると、

・「運動したから余分に食べていい」と思わないこと！　運動の消費エネルギーが多いときは、追加の摂取はかまいませんが、摂り過ぎないように注意しましょう。

・忙しくて食事をする時間がない場合でも、「一食抜いた分、余分に食べていい」と思わないこと。いつもどおりの量を摂って下さい。一食抜いた後の食事は、いつもより食べるスピードが速くなりがちで、食べ過ぎていることに気づかない場合が多いもの。その結果、体重が増加しやすいのです。

・風邪をひくなどして体調が悪いとき、体力をつけるためといって余分なカロリーを摂らないようにして下さい。胃や腸の調子も悪くなっているので、余分に摂った食事の分がかえって負担になります。ただし、必要なカロリーは摂って下さい。

ダイエットの基本は、食べる量を減らすことです。

逆をいえば、運動療法に食事療法が加われば、ダイエットの効果を高めることができるのです。食事療法を有効に行うために、いろいろと考えてみましょう。

食べるに追いつくダイエットなし

「そんなのわかりきっているけど、それができないのよ！」と言われる方も多いと思います。そうおっしゃる方は、これまでの価値観を一度捨てて下さい。そして、これからお話しすることを、既存の価値観に当てはめず考えてみて下さい。

自分の好物が目の前に五個あったとします。そのうちの一個を残すことを考えてみて下さい。なかなかできませんよね。一度はできたとしても、それを継続的に行うことは、かなりつらいと思います。

ここで、その五個を全て四つに分割してみて下さい。大きさはかなり小さくなりましたが、数は増えて合計二〇個になります。このときに、二〇個のうち四個を残すことを考えてみて下さい。先ほどの五個の一個を残すのと、小さい二〇個のうちの四個を残すのとどちらができそうに思えますか？　多くの方が二〇個のうちの四個を残すほうを選ばれるのではないでしょうか。五個のうち一個を残すほうを選ばれた方も、実際に試してみると、後者のほうが残しやすいことを実感できます。そして食べる際は、ひとつずつゆっくり口に入れるようにして下さい。二〇個のうちの四個を残すことができない場合もあるでしょう。しかし、一個でも残すことができれば、その分の効果が出てきます。

毎食一〇グラム残すだけでも、一〇グラム×三食／日×三六五日＝一万九五〇グラムの食べものの分のカロリーをお腹に入れなくてすむのです。炭水化物や蛋白質であれば、一グラム当たり四キロカロリーになるので、一万九五〇×四＝四万三八〇〇キロカロリー、一脂肪分であれば、一グラム当たり九キロカロリーになるので、一万九五〇×九＝九万八五五〇キロカロリーのダイエットになります。

五個のうちの一個と、二〇個のうちの四個。量としてはまったく同じですが、後者のほうが残せるような気がする、そう考えただけで、気持ちのうえでは大きな変化が起きているのです。ダイエットに挑戦する場合、できないと思っていることよりは、できそうだなと思えることを試してみるほうがストレスは少なくてすみますし、長続きします。ほんの少し食べ方を変えるだけでも、ダイエットの成功率はぐんと高くなるのです。

こんな場合も想像してみて下さい。目の前に辛いカレーがあります。辛いものが苦手な人は一人前をたいらげるのにひと苦労かもしれませんが、辛いものが好きな人であれば、あっという間に食べてしまうでしょうし、一人前では満足できず、お替りすることすらあるかもしれません。お替りしてもまだ満腹感を得ることができず、つい何かをつまんでしまうということすらあるでしょう。速く食べてしまうと、二倍量食べても満足できない人がいるのです。空腹感は、たくさん食べたからといって充たされることはないのです。ただし、あとでもたれた胃に苦しむ結果になりかねませんが。

また、料理好きな人なら、こんな経験はありませんか？　手間ひまかけて仕上げた料理なのに、いざ食べようとしたとき、どういうわけか食欲がなくなってしまっていた……。

ゆっくり供される懐石料理でも同様のことが起こります。少ししか食べていないはずなのに、思った以上に早く満腹になってしまうことがありますよね。

これらは、同様の変化が体に起こったことによるものです。最初の例では味見の際に口に入れたものが、懐石料理の場合は初めに食べたものが、消化吸収されたことにより血糖値が緩やかに上昇し、空腹感が充たされて、食欲が減退してきたのです。

食事をすると血糖値が上がります。血糖値がある値以上になってくると（通常は一四〇以上に上昇することはありません）、膵臓（すいぞう）からインスリンが分泌され、血糖の余剰分を肝臓や筋肉にグリコーゲンとして蓄えます。甘いものを急いで食べたりあるいはたくさん食べたりして、血糖値が急激に上昇すると、インスリンもどんどん分泌されますので、インスリンの効果が最大に発揮される数時間後に血糖値が一気に下がり、耐えがたい空腹感を感じるのです。この悪循環が太る原因のひとつとされています。

つまり血糖値の過剰な上昇を防ぐこと、血糖値が上昇するまでに食べ終わらないことがダイエットを成功させるコツともいえるでしょう。血糖値が上昇するためには一五分から二〇分かかるとされていますので、少なくともそれ以上の時間をかけて食べるようにして下さい。

この原理を応用すれば、それほど苦労せず食事制限ができるのではないでしょうか。

これらのことを念頭において、摂取カロリーを減らすためのいろいろな工夫を考えました。それらの方法をこれから紹介していきます。取り組み方には個人差があると思います。無理せず、できることから始めて下さい。ただし、より多く実行できれば、その分ダイエット効果は高くなります。

2　味わい方、食べ方を見直そう

早食いでは味わえない

「とにかく早食いなんだ」、「どうしても食べものを残せない」と言われる方も多いと思います。

そこで、まず、「速く食べる」という行為を見直してみましょう。

早食いの人の多くは、口に食べものを入れたと同時に、「次は何を食べようか」とテーブルの上に並ぶ料理の中から食べたいものを選んでいます。食べるものを選ぶという行為は、二つ以上の食べものを、味や食感、においなどといったさまざまな情報を頭の中に広げ、比較をすることです。

一方、先に口の中に入れた食べものに関しては、その口当たり、におい、舌に接触したときの感触、わずかに感じられる味覚情報が大脳へと運ばれてきます。さらによく噛めば、食べものは唾液の中に溶け込み、舌の味蕾にある味覚センサーを刺激してより繊細で多彩な味覚情報を堪能できるのですが、早食いの人の場合、すでに口の中に入れた食べものを噛むのにそこまで時間をかけることはありません。

しかもこのとき次に何を食べようかと考えていますので、その人の脳には、これから食べようとしている二種類以上の料理の情報と、この時点で口に入っている食べものの味覚情報が、同時に届けられることになります。さて、どちらの情報が脳の中で優先されることになると思いますか？

これから食べようとしている食べものの情報です。気持ちはすでに次の目標となる食べもののほうにいっていますので、目で見ている情報のほうが優先されてしまうのです。

服部栄養専門学校の理事長を務める服部幸應（ゆきお）氏は、味を確認する、つまり味わうときには、まず少しの量を口に運ぶそうです。次に、料理の彩り（いろど）や形状をしっかりと目で確認し楽しみながら味わい、最後は箸を置いて目を閉じ、味覚情報のみを感じながら味わうようにしているそうです。最後に目を閉じるのは、視覚的な情報に惑わされず味を楽しむためです。

人間の脳は、目、耳、鼻、舌などといった感覚器から得られた情報を脳などの中枢神経系に伝えて処理する際、無意識のうちにそれらの中から自分に必要な情報を選び取っているのです。例えば、雑踏の中であっても自分の名前を呼ばれれば、きちんと反応することができます。また、どんなに雑音がうるさくても、そこに自分の好きな音楽が流れてくれば、その音楽だけを聞き取ることができるのです。

こうしたことと同じように、好きな食べものであれば、「このだしは○○産の○○を使っている」「隠し味に○○を少し入れている」と、一般の人では感じ取ることができない、微弱な味覚情報を、その味を構成している多くの味覚情報が氾濫している中から拾い出すことができます。

せっかくこういった特殊な能力があるのなら、食べものを味わっているときは常にこれを活用したほうが、より豊かな食生活ができると思いませんか。

ただし、誰もがそうした能力を持っているとは限りません。むしろ、持っていない方のほうが多いといえるでしょう。そういった方々が、少しでも味わいを高めるためには、一度にたくさんの食べものを口に入れないことです。これまで一口で食べていた量を、何等分かに分けてみましょう。そうすることで、味覚情報を最も感じやすい量を見つけることができるのです。

調味料はできるだけ使わず、噛んで唾液に溶け出してきた素材の味を実感し、唾液による消化の過程で変化していく味も楽しみましょう。

そして、繰り返し、味覚情報を確認すること、少しずつ味つけを変えて、その変化を楽しみ、自分の好みの味を再確認しましょう。

たくさん食べなきゃ損!?　食べ過ぎは損!?

バイキング料理を食べにいったときのことを考えて下さい。

そこに並んだ数多くの料理を目にすると、ついつい「いろいろな種類を食べたい」「たくさん食べないと損」と思ってしまうのではないでしょうか。中には、「余分に食べてもとを取ろう」と考える人もいるかもしれません。

しかし、そう思って食べた後のことを考えてみましょう。「これ以上食べられない」という程度ですんでいればまだいいのですが、「食べ過ぎてムカムカする」「消化不良になっちゃった。胃薬ない？」「気持ち悪くて吐いちゃったよ」となってしまっては大変です。

せっかくお金を払って食べた後に、「気持ち悪い」状態を作ってしまった場合と、「もう少し食べたい」という状態で食べ終えること、どっちが得だと思いますか？　もちろん後者ですよね。

「もう少し食べたい」という状態で食事を終えることができれば、「おいしかった」「また今度も行きたい」という気持ちが生まれますし、胃にも必要以上の負担をかけずにすみます。

食べものを楽しんで選ぶ

外食は誰にとっても心弾むものです。それだけに、ついついあれもこれも食べたいと欲張りな気持ちが芽生えてしまいがちです。

しかし、そんな欲求をぐっとこらえて、「今回はどれにしよう」「この次は別のものを食べたいな」といったふうに、「選ぶ楽しさ」を感じていただけると、食べることに、これまでとは違った楽しさが加わるのではないかと思います。

いくら好きな食べものであっても、食べ過ぎれば体を壊しかねないということをしっかり理解して下さい。「好きな食べものをたくさん食べて体が悪くなるのは仕方がない」のではなく、「好きな食べもので体を悪くすることはもったいない」「たくさん食べることは、好きな食べもの一個にかける時間が少なくなる」ことであり、「好きなものを味わわずに食べている」ことなのです。つまり、「非常にもったいない」ことをしているのだということを自覚してほしいのです。

時間をかけて食べる、素材を味わう

現代の調理に使われる調味料には多くの種類があり、一見食べもののうま味を引き出しているように思われるものも数多くあります。この環境の中、人によっては、塩、醤油、胡椒などの調味料に頼るようになってしまい、素材本来の味を味わえない食べ方になっています。

また、速く食べるということは、食べ過ぎを引き起こすと同時に、料理を味わっていないことにもつながります。塩や醤油を使った濃い味つけや、胡椒や唐辛子といった刺激の強い味しか感じることができなくなってしまっていては、旬の素材を使った繊細な料理などはとうてい味わうことができません。これは非常にもったいないことではないでしょうか。

懐石料理を食べる場合を想像してみて下さい。懐石料理は旬の素材をふんだんに使い、また器にも趣向を凝らすなど、見た目の美しさにも気を配っています。それらの料理を前にして、早食いをする人はまずいませんよね。きっと誰もが料理と器の美しさを堪能しながらゆっくり味わいたいと思うに違いありません。さらに、懐石料理は一皿の量も控えめに仕上げてあるため、必然的にゆっくりと何回も噛んで味わうことになります。つまり、素材を楽しむためには、いつもの食事にも懐石料理の理論を応用すればいいのです。

目の前に並んだ料理の中で使われている素材の味をきちんと味わう。それを食事のたびに思うことができれば、自ずとゆっくり味わうことになりますし、そのためには何回も噛むようになるのではないでしょうか。

好きな食べものをもっと楽しむ

好きなものを食べているときのことを思い浮かべて下さい。あまりよく味わわず、次から次へと口に入れていませんか?

「そんなことない。じっくり味わって食べています」という方は問題ないのですが、満面の笑みを浮かべながら大きな塊を一気に口に入れるほうがおいしく味わっているというイメージで受け取られがちです。最近、テレビでよく見かけるグルメ番組の影響かもしれませんが、本当にそういった食べ方が料理を味わっていることになるのでしょうか。ここで考えてみましょう。

大きな塊を口の中に入れると、噛みにくいので最後まできちんと咀嚼（そしゃく）しないうちに飲み込んでしまうことになります。それは、食べものを喉の奥に送り込むこと、つまり胃の中に捨ててしまうことと同じです。「三〇回ちゃんと噛んでいる」という方も、実はそうでない場合があります。一度に多くの量を口に入れてしまうと、そのうちのほとんどのものはあまり噛んでいない段階で喉の奥へ送られ、胃の中へと落ちていきます。最後に口の中に残っているものだけ三〇回噛んでいるのです。

序章でもお話ししたように、味というものは、口の中で咀嚼された食べものが唾液に溶け込み、それらが舌にある「味蕾」という味を感じるための感覚器に到達して初めて感じることができるのです。それなのに、その過程を経ることなく飲み込んでしまっては、とうてい味わっているとはいえません。非常にもったいないことをしているのです。

また、大きな塊のまま口に入れてしまうと、その感触は一度しか楽しむことができませんが、四つに切り分けて口に入れた場合には、四回楽しむことができるのです。

このように、大きな塊を次々と口に放り込み、よく噛まずに飲み込んでしまうことは、非常にもったいない行為だと考えて下さい。「量をたくさん食べるからいいんだ」と考える方もいらっしゃるかもしれませんが、「量を食べること」＝「味わうためにかける時間が少ない」ということがわかれば、「量を食べること」＝「非常にもったいないことをしている」ことだと気づくはずです。

例えば、今、目の前に自分の大好きな料理があります。それが一皿数万円もするものだと仮定してみて下さい。あるいは、最後の一口だけが残っているとしましょう。あなたはそれをどう食べますか？　きっと、ゆっくり時間をかけて味わって食べようとするに違いありません。

そう、それこそが本当の意味での味わい方なのです。好きな食べものだからこそ心ゆくまで味わって食べなければ損をすると考えて下さい。

味わって食べていない食べものとは？

食べたいものを我慢したり、少し残したりすることが強いストレスとなり、その反動でドカ食いをしてしまうという人もいるようです。それではダイエットに失敗するどころか、かえって太ってしまう危険もあります。

ストレスによる暴飲暴食は、決して「食べものを味わいたい」という欲求から生まれるものではありません。何かを咀嚼することでイライラを鎮めようとしているだけですので、味を楽しんでいるわけでは決してないのです。

同様に、空腹でもなく、味わっているわけでもないのに、なんとなく惰性で食べているという場合が日常生活の中には存在します。

私自身の食生活を振り返ってみます。私はテレビを観ながら夕食を摂ることが多いのですが、その場合、食事はほとんど終わっていても、テレビ番組の区切りのいいところまで食卓で観続けることになります。すると、テレビを観ながら、食卓に並んだおかずをなんの気なしにつまんでしまうのです。

特に何かを食べたいという欲求があるわけでも、お腹が空いているわけでもありません。逆に満腹の状態のときでさえ、ついつい何かを口に運んでしまうのです。

このとき、私の意識はテレビに集中しているので、料理を口に入れても味わっていないし、記憶にも残りません。ちょっと刺激の強い料理や好物の場合、無意識のうちにかなりの量を食べていました。

　この状況で食べているものは、食べたいという欲求からきているものではありませんので、比較的簡単に止めることができるはずです。当然、摂取カロリーも減るわけですので、ダイエット効果も期待できます。

　しかし、「食事を終えたら、いっさい何も口にしない」と自分に厳しく言い聞かせることは、かえってストレスになりかねません。たまり過ぎたストレスはいつか破綻をきたし、ドカ食いの元になる恐れがあります。

　そこで私は、夕食を終えたらすぐに、食器と箸を片づけることにしました。そして、あとでもしもう少し食べたくなったら、箸だけをもってきて、一切れ口に入れたあとすぐに片づけることにしました。やっていただければわかると思いますが、一口食べるごとに箸を取りにいくのは、結構面倒なことです。人間誰しも面倒なことは自然としなくなるものです。私はこうして夕食後の「味わっていない食べもの」を余分に摂らなくなり、たとえ摂ったとしても最小限の量ですむようになりました。

コラム　ダイエットの落とし穴

いろいろなダイエット方法がテレビや雑誌で多数紹介されていますが、現状では決定的な方法がないように思います。中には、かえって健康障害を引き起こすようなダイエット方法も見かけられますので、試される場合には注意が必要です。

アメリカのエール大学において、長年、生化学・分子生物学の教授として活躍されたE・S・カネラキス氏が書いた『健康と長寿のためのユニーク栄養学講座』という本があります。これは栄養学の観点から食事の重要性について説いている本ですが、その第五章、「アルコールと肥満」でダイエット方法についてもわかりやすく解説されています。翻訳本も出版されていますので、興味がある方はご一読されることをおすすめいたします。

要点を簡単に紹介しますと、以下のようになります。

多くのダイエット方法が、それを実行したことにより短期間で体重が減るなど、数字上は成功したように見えますが、実はその大半は体の水分量が減少したことによるもので、脂肪が燃焼されたわけではないというのです。そのため、水分が補給されれば、この減量分はすぐにリカバーされ、体重はもとに戻ってしまいます。

また、摂取カロリーだけを減らして積極的にダイエットを行った場合、摂取カロリーの減少から起こる飢餓に耐えるため、体はできるだけ節約モードになります。そのため、エネルギー貯蔵効率のよい脂肪を蓄えるようになるのです。その割合は、蛋白質や炭水化物は四キロカロリー／グラムなのに対し、脂肪は九キロカロリー／グラムとなります。熱を産生する筋肉量を減らすことにより消費カロリーの減少を図るようになるのです。

つまり、筋肉などの蛋白質の減少が脂肪のそれをはるかに上回り、筋肉が減ることにより基礎代謝で産生する熱量が減ってくるため、消費カロリーの減少が起こり、ダイエット効果が減少してきます。残念なことにこの本でも、無理なく、頑張らずにできる有効なダイエット方法は紹介されていません。

ダイエットを行う場合、何かしら我慢をしなければいけません。食事制限を行うことで体重を減らそうとすれば、我慢は当然つきまといます。我慢することが好きな人はよいのですが、多くの人はそうではないと思います。さらに、我慢には限界があり、それを超えると、人は思わぬ行動に出る場合があります。それが、頑張り続けた反動やダイエットによる過剰なストレスの反動による「一気食い」や「ドカ食い」です。

その結果、ダイエット前より体重が増えてしまうこともありますし、さらに悪化すれば増えた体重をなんとか減らそうとして無理やり吐いたり、大量の下剤を飲んだりする拒食症を引き起こすことも考えられます。

このように我慢をダイエットの中心にすえる方法は、リバウンドや思わぬ障害をもたらしますし、決して長続きはしません。

できるだけストレスにならない、自分の日常生活に楽に取り入れられるダイエット方法をぜひ考えてみましょう。

ダイエット川柳③【心構え】

ダイエット　間違い知識で　リバウンド

誤った情報に振り回されて、ダイエットに失敗するケースがよくあります。まずは正しいダイエットの知識を身につけましょう。

ストレスで　やる前よりも　目方増え

食べたいものを我慢しすぎると、ストレスにつながります。それが原因でドカ食いをしてしまい、ダイエット前より体重が増えてしまったなどという経験はありませんか？

2キロ減（げん）　見た目褒められ　やる気出る

ダイエットの成果を褒められるのは、何より嬉しいこと。さらなるダイエットを続ける励みにもなります。

第四章　実践！　食事療法

第三章では「食べること」に対する意識を、あらゆる角度から見直してみました。そこで、この第四章では食べる量を減らすための具体的な方法を紹介していきます。

といっても、決して難しいものではありません。第二章で紹介した方法同様、簡単で手軽にできるものばかりです。食べる順番を変える、一口を小さくする、さらには買い物する店を決めるなど、一見、ダイエットとは無関係のように思えるものもありますが、実はそれが意外な効果を発揮するのです。

日常生活の中で何気なく続けていることが、ダイエットの思わぬ障害になっている場合もあります。普段の自分の行動の中に落とし穴はないか、もう一度振り返ってみましょう。

1　身近なところから始める

食べる前の心構え

(1) 高価なものと思い込む

例えば、あなたはハンバーグステーキが大好物だとします。いつも食べているハンバーグステーキの価格は九八〇円ですが、今、まさに食べようとしているものが、もし一皿一万円もする高価なものだったとしたら、どうしますか？　いつもはあっという間に平らげていたとしても、一万円だと思えば、急いで食べるのはもったいないと考えるのではないでしょうか？　きっと、「少しずつ口に入れ、時間をかけて味わう」食べ方に変わるでしょう。その裏には、「味わって食べなければ損をする」という心理が働くからです。

時間をかけて食べることを目標にしても、人はなかなか実行できないものです。ひとつは後述する舌の動きに起因しますが、心理的な面からいえば、目の前の好物を速く食べたいという欲求のほうが時間をかけて味わって食べようとする理性に勝ってしまうからです。でも、その好物が高価なものとなると話は別です。「速く食べるのは損だ」という気持ちのほうが食欲より強くなるため、味わうために、自然とゆっくり食べるようになるのです。

このように、自分にちょっとした暗示をかけることで、これまであまり時間をかけずに食べていた人でも、ゆっくり時間をかけて料理を味わうようになります。それが食べ過ぎを防ぐことにつながり、やがてダイエット効果をもたらすようになります。

（2）一口を小さくしてから食べる

嚙めば嚙むほど健康にはいいとされています。嚙むことによって唾液がたくさん出るので食べものを消化して胃の負担を減らし、その刺激が脳に伝わり、記憶力をも増すといわれています。一般的に、一口当たり二〇回から三〇回嚙むのがいいとされていますが、実践できている人は少ないのではないでしょうか。

というのは、ある一定回数嚙むと、舌が無意識のうちに食べものを喉の奥のほうへ送り込んでしまうからです。それは数回嚙んだだけで飲み込んでしまう食べ方が習慣化されたためです。

そこで、口に入れる量自体を少なく、例えば四分の一ぐらいまで小さくしてみたらどうでしょうか？　そうすれば、これまでと同じ回数嚙んでも、口の中に入れた量が少ないので、口に入れた食べものは四倍相当の回数、歯と歯の間に来ることになり、実際に嚙んだ回数は同じ数でも、四倍分だけ嚙んだことになります。また、唾液も四倍の量が分泌された状況と等しくなります。口の中で食べものの一部が消化されるため、消化された味の変化も感じることができ、よりおいしく感じやすくなるのです。

唾液は口に入れた食べものの種類に対応して、その分泌量が決まります。食べものの量による分泌量の差はありません。おにぎりを一気にほおばり、うまく飲み込めなかった経験を持つ人もいると思います。そのように、口に入れる食べものの量が増えても、唾液の分泌総量に変化はありませんので、相対的に唾液が少なくなり流れていかないのです。

ここで今一度思考実験をしてみましょう。目の前に二センチ幅で厚さ一センチ長さ五センチの大きさで、調理し終わったばかりの特上のステーキが運ばれてきた場面を想定して下さい。一口で食べられますか？　おそらく数個に切り分けて口に運ぶでしょう。今まで述べたように、味わいやすくするために、小さくしていることもあるのですが、実は小さくすることには、もうひとつ、心理的な意味があるようです。

ほとんどの方は意識していませんが、食べものを口に入れて噛んでいるうちに、口に入れた量のかなりの部分が喉の奥から胃袋へと落ちていくそうです。高い食材や貴重な食材を味わって食べようとするときには、この喉の奥から胃袋へ落ちていく分を減らそうとして、無意識のうちに小さくして食べているとも考えられます。

（3）麺類は短くしてから茹でる

蕎麦やうどん、パスタなど、ノド越しのいい麺類は、ついつい食べ過ぎてしまうもののひとつです。特に暑い季節に食べる素麺や冷や麦など、数人分がまとめて盛って出されたときは、知らず知らずのうちに二人前食べてしまった、などという経験を持つ方も少なくないのではないでしょうか。

麺類の食べ過ぎをどうすれば防ぐことができるか？　実は簡単に実践できる方法があり

ます。それは、麺を短くするのです。

乾燥パスタや蕎麦、うどんなどを茹でる際、一本を四分割してから鍋に入れます。こうすれば、いつもの四分の一の長さのパスタや蕎麦に仕上がります。

当然、フォークや箸ですくう作業は四倍になります。むしろ短い分、はさみにくいかもしれませんね。つまり、それだけ食べる時間と手間がかかるわけです。

ダイエットを効果的に行うための方法のひとつに、「ゆっくり食べること」があるということは、もう何度もお話ししたとおりです。麺類を短くして調理すれば、それだけ食べる時間を長くすることができるのです。

（４）箸やスプーンを有効に使う

あなたは食事のとき、何を使って食べていますか？　自宅で食事をする際、ほとんどの人が自分専用の箸、もしくはスプーンやフォークを使用していると思います。ここでは、それらの使い方にちょっとした工夫を加え、ダイエット効果を高める方法をご紹介します。

・一口ごとに箸を離す

手に箸を持っていると、ついつい料理を次々と取ってしまいます。ゆっくり食べることができませんし、当然、食べ過ぎを招くことにもなります。一口食べたら必ず箸を置くような習慣をつけましょう。

・子ども用の箸を使う

子ども用の箸は大人用に比べて短くできています。大人がこれを使うとうまく力を入れることができないため、食べものをつかむのに少し時間がかかるようになります。ただし慣れると効果がなくなりますので、そうなったら別の方法に切り替えて下さい。

・長い菜箸を使う

箸が長過ぎると先端を動かすのに力がいりますし、バランスを取るのが難しくなります。当然、速く動かすことはできませんので、食べるスピードも落ちるはずです。

・利き手でない手で食べる

右利きの人なら左手で、左利きの人の場合は右手で箸を持つようにします。かなりぎこちない動きになるのではないでしょうか。速く食べることはもちろん、初めはうまくつかむことすらできないかもしれません。最初は小さいスプーンやフォークなどを使用されてもよいと思います。ある程度慣れてきたら箸に替えましょう。

・カレーなどを食べる際にスプーンを使わない

いつも使っているスプーンを一度チェックしてみて下さい。かなりの量が入る大きさではありませんか？　カレー用のスプーンはやや大ぶりのものが多く、そのため一度にたくさんの量を口に運ぶことになってしまいます。その結果、最後まで咀嚼しきれないまま、喉の奥に流し込むことにもなりかねません。当然、次々カレーを口に運ぶことになってしまいます。そこで、カレーやシチューなどを食べる際には、小さなスプーン、もしくはフォークか箸を使って下さい。思った以上に時間がかかるため、以前よりも少ない量で満腹感を得られます。

食べ方を見直す

（1）最後に少し残す

食事量の多い夕飯だけでなく、毎食ごとに少し残すことを心がけましょう。

どうしても残せないという方は、第三章の「食べるに追いつくダイエットなし」の項で紹介している方法を試してみて下さい。ひとつのものを四個に切り分け、そのうちの一個を残すやり方です。こうすれば心理的にも残しやすくなるのではないでしょうか。

多くの人が「残すのがもったいない」と考え、なかなか実行できないのだと思います。しかし、ここで少し考え方を見直してみましょう。

残さずに全部食べてしまった結果、お腹に脂肪がたまります。それによって、血圧、血糖値、コレステロール、中性脂肪、尿酸値が高くなり、肝機能（脂肪肝）の悪化も引き起こします。さらに、体重が増えたことにより、膝、腰、足首の負担が大きくなり、その結果、膝痛、腰痛、足首痛などの症状が出てくることもあるでしょう。そうなれば、月に一、二回病院に通うことになり、検査代や薬代が年に一〇万円から二〇万円もかかるようになることだってあります。それら全てが残さず食べた結果だと考えましょう。

一食につきわずか一〇グラム残すだけでも、一日三食と考えれば、一〇×三で三〇グラムを残したことになります。それを一年三六五日に換算すれば、三〇×三六五＝一万九五〇グラム、つまり約一一キログラムの差が生じます。

「残すのはもったいない。作る量や盛りつける量を減らせばいい」と考える方もいると思います。たしかに、作る量や盛りつける量を減らし、それを維持できればそれで問題はありませんが、家庭で作る料理というものは、その大部分が目分量で量を決めているものです。しかも、それが習慣化されていますので、初めの数日は、気をつけて減らしていても、いつの間にか習慣化された量に戻ってしまうものなのです。

減らさなければいけないという気持ちだけは先行するものの、実際にはなかなか減らすことができず、それがストレスにつながる場合もあります。

それでも、食べものを残し、それを捨てることに抵抗がある方が結構いらっしゃいます。特に戦前・戦中・戦争直後に幼少期を過ごされた方は、食べものを残し捨てることに罪悪感を持っていらっしゃいます。その際には、ラップをかけて冷蔵庫に保存すれば、次の食材を少し減らすこともできると思います。外食の場合でも、最近は持ち帰りができる店も増えていますので、ドギーバッグを活用するなど工夫してみて下さい。

（2）テレビを観ながら食べない

夕飯はテレビを観ながらゆっくり食べるという方も多いのではないでしょうか。私もそのひとりです。

テレビを観ながら食べると、画面に気を取られて、食事がおろそかになる。その結果、食べる量が少なくなる、そう考える人もいるかもしれません。実際、小さい子どもはアニメ番組に夢中になるあまり、食べることを忘れてしまう場合もあります。

しかし、大人はそうはいきません。実は、テレビを観ながら食べる人のほうが、観ない人よりたくさんの量を摂ることになるのです。

ひとつには第三章の「味わって食べていない食べものとは？」の項でもご説明したとお

り、テレビを観ながら食べていると、自分の分を食べ終えても席を立たず、そのままずるずるとテーブルにある料理をつまんでしまうことに原因があります。

特に夕食の場合、これは今日最後の食事だから大事に食べよう、残したらもったいないという意識が働いてしまい、ついつい残飯整理をするというようなことも起こります。気がつけば一食分以上の量を余分に摂ってしまった、ということにもなりかねません。特にお腹が空いているわけでもないのに、無意識に食べてしまうのです。

自分の分を食べ終えたら、たとえ観たい場面であっても、食器や箸を片づける習慣をつけましょう。

（3）好きなものから食べ始める

テーブルの上に数種類の料理が並んでいるとします。あなたはそのうち、どれから食べ始めますか？

きっと多くの方が「好きなものから食べる」と答えると思います。

せっかく食事をするのですから、好きなものから食べたいですよね。空腹の状態ですと味覚が鋭敏になっていますので、その分、味を感じる力も強くなっています。つまり、空腹時に好きなものから食べると、よりおいしく感じるというわけです。

ただし注意していただきたいのは、それだけを食べないこと。好きなものを食べる場合、食べるスピードが速くなりがちです。空腹感が消える前にかなりの量を食べてしまうことにもなりかねません。一点食いをせず、一緒に並んでいる料理もまんべんなく食べるようにして下さい。そうすることで早食いを防ぐことができます。

この点に気をつければ、「好きなものから食べる」方法はダイエット効果につながります。

あまり好きではないものを先に食べて、好きなものを最後に残した場合を想像してみて下さい。もうお腹はいっぱいなのに、無理をしてでも食べようとしませんか？　では、それが嫌いなもの、あまり好きではないものだったらどうでしょう。無理なく残せますよね。

このように、「食べものを残すダイエット」を実践しようとする場合、好きなものから食べる方法は効果的に働くのです。

特に、デザートは必ず食べるという人は、食事の初めにデザートを食べるようにしてみましょう。できれば、一気に食べ切らないように小分けにして食べて下さい。デザートは比較的甘いものが多いので、一度にたくさん食べなければ、空腹感をなくすためには理想に近い食材といえるかもしれません。最後に追加されるカロリーを食事中に摂ることにより、他の食材を残しやすくなります。「食後のデザート」という概念を捨ててみるのもダイエットに有効な方法かもしれません。

（4）嫌いなものから食べ始める

誰でも好きなものから食べ始めたいとは思いますが、ここではあえてその逆、「嫌いなものから食べ始める」方法も提案してみたいと思います。

嫌いな食べものを前にしたら、あなたはどうしますか？　なかなか箸が進まず、当然、食べるスピードは遅くなることでしょう。その結果、血糖値が上昇するまでの時間を稼ぐことができます。嫌いな食べものを半分ぐらい食べて、空腹感がやや収まったところで、次の料理に移りましょう。もちろん好きな食べものに箸をつけてもかまいません。

この方法を取れば、空腹感がなくなるまで時間を稼ぐことができ、最後に無理なく料理を残すことができます。さらに、普段あまり食べない嫌いなものを摂ることで、栄養のバランスの偏りを防げます。食事の際、自分があまり好きではない食品や素材が入った料理を必ず一品入れるようにするといいでしょう。

（5）今、食べているものを見る

食べている最中に他の料理に目を向けてしまうと、「次はどれを食べようかな」などと考えてしまうため、意識がついそちらにいってしまいます。

そのときに脳の中がどう働いているかをもう一度みてみましょう。選んでいるということは、少なくとも今見ている二種類以上の食べものに関する、これまで自分の中に蓄積された情報が頭の中で展開されています。それらの情報が比較され、次に食べるものを決めようとしています。そこに、その時点で食べているものの食感や味覚に関する情報が、脳へ届けられます。そして、ここで一番優先される情報は、これから食べようとしている食べものの情報なのです。

それはなぜかというと、「何を食べようか」と選んでいるとき、その対象になる食べものに対する期待感がどんどん高まっているからなのです。すでに食卓に並べられている食べものの見た目や匂いの情報はすでに届けられていますので、それらが味に対する期待感をさらに高めます。その結果、今食べているものをさっさと飲み込んで、早く次の料理を口にしようと無意識のうちに行動してしまいます。当然、早食いを招いてしまいますし、せっかく口にしている食べものを落ち着いて味わえないという結果になります。これは非常にもったいないことだと思いませんか。

食べているときは他の料理によそ見をせず、じっくり味わいたいものですね。

（6）他の食べものや飲みものを手に取らない

食べている最中に他の料理に目を向けることは、早食いや食べ過ぎを誘発する危険性があるということは、すでにお話ししました。

目にすれば食べたくなりますので、つい箸やフォークでつまんでしまうでしょう。当然、それを長く持っていることはできませんので、一刻も早く口に入れようとするのではないでしょうか。そのため、その時点で口に入っているものを慌てて飲み込んでしまうことになります。

食べものがまだ口に入っているときは、他の料理には手をつけないようにして下さい。最後まできちんと咀嚼し、じっくり味わってから次の料理に手をのばしましょう。

実は、飲みものでも同じことがいえます。何かを食べている最中に飲みものを手に取ってみて下さい。いつもより噛む回数が少ない段階で食べものを飲み込んでいませんか。飲みものを手に持ってしまうと、この飲みものを飲むために口の中を空にしようという意識が働いてしてしまうので、その結果早食いとなってしまいます。

（7）立食パーティーに気をつける

立食パーティーが曲者です。座る場所が少なく、立ったまま料理を持って食べなければいけないので、ついつい早食いになってしまいます。しかも料理の種類が多く、全体の分量をあまり考えないでどの皿からも取ってしまい、食べ過ぎになりがちです。その際の唯一の対応策は、ひたすら人と話し込むことです。話しているうちは、食べることはできません。「会費を払っているから食べなきゃ損」と考えるのではなく、普段会えない人に会えるのですから、「いろいろな人と話さないと損」と考えてみて下さい。

（8）「一点食い」をしない

少し前のことですが、子どもたちの「一点食い」が問題になったことがあります。「一点食い」とは、食卓に並んだいくつかの料理を交互に食べるのではなく、おかず、ご飯、味噌汁といったそれぞれを、ひとつずつ平らげていく食べ方です。

このような食べ方をしていると、おかずだけ、あるいはご飯だけで満腹になってしまい、ほかのものを食べなくなるので、栄養バランスが偏ってしまう危険性があります。

さらに「一点食い」の弊害として、濃い味つけや刺激の強過ぎるものでも舌が慣れてしまう点が挙げられます。しかも、他の料理も食べたいので、今口にしているのは速く食べきらなければという気持ちが働き、ついつい早食いになります。

こうしたことを防ぐためには、おかず、ご飯、味噌汁を交互に口にする「三点食い」を心がけるようにして下さい。おかずも、一品だけを集中して食べる「おかずの一点食い」をせずに、いろいろと交互に食べましょう。

（9）食事の途中で用事をすます

食事の途中、ふと用事を思い出して席を立ち、戻ってきたら食欲がなくなってしまったという経験を持ってはいませんか？

第三章の「食べるに追いつくダイエットなし」の項のところでお話ししたように、血糖値が上昇して初めて、空腹感はなくなります。これには一五分から二〇分ぐらい時間がかかります。この時間を、食卓の前で食べないように我慢して過ごすのではなく、何かしなければならないことをするのに使えば、瞬く間に時間が経過します。食事を途中で中断することは、マナーとしては良いものではありませんが、ゆっくり食べることがどうしても困難な方は、食事の間に、別のことをする習慣をつけるのもひとつの対応策だといえます。

また、「小さい子どもの世話で忙しく、食べる時間がないのでつい早食いになってしまう」と言われるお母さんも少なくありません。

ここでも見方を変えてみましょう。子どもの世話で何かをやらなければいけないとき、口の中に入れたものをあわてて飲み込んでしまっていませんか。これもまた食事のマナーとしてはいいことではありませんが、飲み込まずに口の中で噛み続け、味わいながら、お子さんの世話をするようにすれば、自然とゆっくり噛むことができます。そうすると、血糖値が上昇してきて、空腹感がなくなった状態でもまだ食べ終わっていないという状況もつくれますので、食べものを残しやすくなります。自分の分を少し残すことができても、お子さんが残したものを食べてしまっては元も子もありませんので、残すということをしっかり意識して下さい。

2　間食対策

間食に対する心構え

（1）好きな種類と食べる頻度を決める

好きなものを食べずに我慢すると、その反動で食べ過ぎてしまう危険性があるということは先にお話ししました。しかし、間食は食事同様、楽しみのひとつでもあります。食事は食べなくてもいいから、間食は続けたいという人もいます。無理に我慢するのではなく、ご褒美的にときどき食べるようにすればいいでしょう。

食べたい気持ちを抑えるための方法として、この章の「1　身近なところから始める」の「食べる前の心構え」の項でお話ししたように、目の前にある食べものがとても高価なものだとイメージすることも効果的ですが、間食をとる際の決まりを自分の中で設定してみるのはいかがでしょうか？

例えば、「一週間に一回○○を食べにいく」とか、仕事の区切りがついたときや何かよいことをしたとき、一時間以上歩いたときには「○○をすれば、○○を食べてよい」といったように、間食を取るための条件を設定するのです。そうすれば、後者の場合では、間食を取るための我慢が目標を達成するための努力をしている時間に変わります。

（2）余分なものは買わない

スーパーやコンビニエンスストアに行くと、いらないものまでつい買ってしまうという人は多いもの。その結果、家にはお菓子やスナックが散乱することになり、気が向いたときについ袋を開けて食べてしまうということになってしまいます。

そんな状況を防ぐためには、どうしても食べたいものや、自分で食べてもよいと決めたもの以外は買わないようにしましょう。

改めて買い物に出るのは億劫なことなので、「食べるものがないのなら、まあいいや」

と自分を納得させることができます。

それでもつい買い過ぎてしまうという方は、次の方法を試してみて下さい。これは間食だけではなく、食事の買い物の際にも応用できます。

①買い物かごを手に持って重たいものから買っていく

②レジに並ぶ前に、かごに入れたものの中のどれかひとつを必ず棚に戻し、戻した分の金額を貯金箱に入れる

③特価品など、安いときに買いだめしたものは、使用開始（開封）日時をあらかじめ決めておく

④買い物にいくときは最低限のお金しか持っていかない

⑤帰宅途中での買い物を避ける

（3）買い物する店を決める

あなたは買い物する店をどういう基準で選んでいますか？

①毎日特売をしている

②野菜の鮮度がいい

③品揃えが豊富

④店員さんが好みのタイプ

などなど、その基準は人それぞれだと思います。ここにひとつ加えていただきたい項目があります。それは「自宅から遠い店」であることです。

雨が降っていたり、疲れていたりしているときは、遠い場所には出かけたくなくなります。店に到着するまでに時間がかかるとすれば、何度も行くことはできないはずです。そうなると買い忘れがないように、じっくり準備してから出かけるようになるので、「あれもこれも」といった衝動買いをする危険が少なくなるのではないでしょうか。

また、自宅にいてチョコレートが食べたくなったとします。その場合、多くの人が近所のコンビニエンスストアに買いにいくと思います。しかし、買い物する店が決めてあり、しかもその店が二キロ先にあったとしたらどうでしょう。「歩くのが面倒だから我慢しよう」と自然に思えるはずです。

つまり買い物にかける労力と時間のほうが、チョコレートひとつに対する食欲よりも大きいからです。

この心理をダイエットにも上手に活用しましょう。

しかし、その店で買おうという心理的なメリットがないと、この方法は利用できません。

そこで、雨が降ったら行くのが億劫になる距離で、素敵な店員さんがいるコンビニエンスストアや店を探してみて下さい。「○○は○○の店で買う」といったようなルールを決めるとよいと思います。

食べる際の意識を変える

（1）最後のひとつと思って食べる

早食いがダイエットの大敵であることは、もう何度もお話ししたとおりです。そのためゆっくり食べる方法をいくつか紹介してきましたが、間食の場合もこれが当てはまります。

例えば、あなたがチョコレートに目がないとしましょう。その大好きな有名ブランドのおいしいチョコレートがあとひとつしか残っていないとしたらどうしますか？　一気に食べ切ってしまうようなことはしないと思います。

速く食べてしまうのはもったいない。ゆっくり味わって食べようと思いますよね。ひょっとしたら、食べずに取っておくかもしれません。

こうして、ほんの少し自分に暗示をかければ、食べ方は変わってくるはずです。

（2）「ながら食い」をしない

一三〇ページの「（2）　テレビを観ながら食べない」でもご説明したとおり、何かをしながら食事をすると、ゆっくり食べているような気分になりませんか？　たしかに時間だけをみるとそう感じてしまいがちですが、ダイエットにとっては不利な状況をつくっているのです。

何かをしながら食事をするということは、意識が食べもの以外のものに集中している状態です。そのため食べものの味をあまり感じることができず、ついつい濃い味つけのものにばかり手が出るようになってしまいます。

お菓子などは、おしゃべりをしながら、テレビを観ながらなど、「ながら食い」をしがちです。それらは味つけが濃いものも少なくありません。濃い味つけのものは、舌の上に長く置いておけないために、つい早食いにもなってしまいます。

「ながら食い」のもうひとつの問題点は、テレビを観ているときに必ず何かを食べるという習慣がついてしまうことです。

（3）　箸と箸置きを使う

スナック菓子を食べているときのことを思い出してみて下さい。

たくさんの量をわしづかみにして、それを一気に頬張ってはいませんか？　そのような食べ方をしている人には、箸を使ってスナック菓子を食べることをおすすめします。

スナック菓子を箸で挟むのはなかなか技術がいることです。もちろん、一度にたくさんの量を挟むこともできないでしょう。つまり、これまでと同じ量を口にするためには、何倍もの時間がかかるということになります。

スナック菓子をついつい食べ過ぎてしまった経験を持つ人は、ぜひ試してみて下さい。その際、箸を持ったままですと、すぐ次のひとつをつまんでしまいますので、箸置きを用意し、ひとつ口にするごとに箸を置きましょう。こうすることで、より時間をかけて食べることができます。

（4）小分けにして食べる

目の前にお菓子を出されると、出された分全部を食べてしまう人は多いと思います。また、スナック菓子などは、一度封を開けてしまうと、一袋全部を食べきらないと気がすまないという方もいると思います。少しずつ出せばいいのですが、そうなると、「中身が湿気てしまうから、全部食べてしまうのよ」と理由をつけてしまうようです。実は私自身がそうなので、気持ちはよくわかります。

袋を開けてしまったための食べ過ぎを防ぐための方法があります。密封できる袋を用意し、食べる前に小分けにするのです。

例えば四袋に分けたとしたら、食べる分のひとつだけを残し、あとの三袋は見えないところに片づけてしまいましょう。

それでも、どうしても全部食べたいという人は、一袋を食べ終え、二袋目に手を出すまでの間を一五分空けるようにして下さい。一五分というのは血糖値が上昇するのに要する時間です。こうして食べれば、一袋分食べきるのに一時間以上かけることになりますので、一袋全部を短時間で食べたときに比べて血糖値の上昇が緩やかになり、インスリンの過剰分泌も防ぐことができます。

（5）冷たい飲みものを避ける

夏の暑い日など、ついつい冷たい飲みものに手が出てしまいますよね。

しかし、冷たい飲みものは温かいものに比べて味を感じにくいものです。ノド越しもいいため、ついつい多めに飲んでしまいがちです。

その分、摂取カロリーも増えてしまいますし、冷たい飲みものの摂り過ぎは体を冷やすことにもなります。その結果、免疫系の働きが悪くなり、抵抗力が低下して、夏風邪を引きやすくなったり、治りにくくなったりします。また、冷え過ぎると、血液やリンパの流れが悪くなり、むくみの原因にもなります。

実は夏バテの原因の多くは、この冷たい飲みものの摂り過ぎによるものなのです。

暑い夏こそ、温かい飲みもので体をスッキリさせたいものですね。

コラム　調味料の話

健診や人間ドックで生活指導をしていると、「刺身は醤油をたっぷりつけないとおいしくない」「濃い味が好きだ」という声をよく聞きます。濃い味つけを好む方が多いので、ここで塩加減、特に醤油の量について考えてみましょう。

お刺身を食べているときを想像して下さい。もし、あまり醤油をつけないで食べるという方でしたら、それは理想的な食べ方です。そういう方は、他の人が食べている場面を想像して下さい。

多くの人が刺身の表と裏に醤油をたっぷりつけて食べているのではないでしょうか。「そんなことはない、ちょっとしかつけていない」とおっしゃる方は、一度チェックしてみて下さい。ご自分が思っている以上の量をつけているかもしれません。

食べはじめの二、三切れはあまり醤油をつけないようにしていても、食べ進むうちに量が多くなってくる方もいるようです。特にお酒を飲んで酔いが回ってくると、醤油をつける量が多くなることがあるようです。また、ツマと一緒にお刺身を口に運ぶと、細く切ったツマが相当量の醤油を吸い込んでしまいます。刺身皿の醤油がすぐになくなってしまうという人は、要注意です。

次に、噛む回数について考えてみましょう。

みなさんは、お刺身を口の中に入れて、何回噛んでいますか？　お刺身を食べる際、確認してみて下さい。他の食べものに比べて少ないのではないでしょうか。

私は生活指導の際、「何回噛んで食べていますか？」とよく質問します。すると、「早食いだよ」や「そういえばほとんど噛んでないね」といった答えが返ってきます。

そこで、そのあまり噛まない食べ方を好んでやっているのかとたずねてみますと、「うん、そうだよ」と答える方も中にはいますが、「本当にお好きで、速く飲み込んでいるのですか？」と何度か繰り返し聞いてみると、「好きでやっているのではないね」「そう言われるとそうだね」と誰もが言います。どうやら、「あまり噛まないで飲み込む」のは無意識でやっていることのようです。みなさんも、私に繰り返したずねられ、それが好んでやっている行動ではないことに気づかれます。

味は舌にある感覚器「味蕾」でしか味わうことはできません。すでにお話ししたとおり、食べものがこの味蕾に到達するためには、何度も咀嚼する必要があります。口にしてすぐ飲み込んでいるということは、極端ないい方をしてしまうと「お刺身を味わわず、胃袋に捨てている」ことなのです。非常にもったいないことですね。

それでもついつい早食いになってしまうという人は、こんなふうに考えてみて下さい。

いつも食べているお刺身の四分の一くらいの大きさのものが三切れあります。「うまい刺身が手に入って、もう三切れしか残っていないんだけど、この一切れが一万円もするんだよ。おいしいよ。食べてみる？」とすすめられたらどうされますか？

私はこれまで、生活指導や健診を通して二万人ちかくの人に聞いてきたのですが、半分以上の方が、「つける醤油を減らす」と答え、三分の一ぐらいの人が「まずは醤油をつけずに味わってみる」と答えました。

中にたったひとりだけ、「たっぷり醤油をつけて食べるわ」と答えられたご婦人がいます。詳しく聞いてみると、その方はお刺身が嫌いなため、どうしても食べなければいけない状況なら醤油で味を消して食べるとのことでした。

このご婦人は例外として、ほとんど全ての方が、「醤油を減らす」か「醤油をつけない」食べ方を選んだことになります。それはつまり、「素材の味を味わわなければもったいない」と考えたからです。

同時に、醤油をたっぷりつけて、ほとんど噛まないで飲み込んでいたこれまでの食べ方は、せっかくのお刺身の味を消してしまい、しかも味わう前に胃袋に捨てていたのだということに気づかれたのではないでしょうか。

同じような食べ方をしている人は、非常にもったいないことをしていると、今一度認識をあらたにして下さい。

口内炎ができたり、舌が荒れたりしているときに塩分の濃いものを摂ると、痛みを感じます。塩分の摂り過ぎは、体にとって毒なのです。

濃い醤油のついた食べものを長時間、舌の上に置いておくと舌が痛くなってきます。そのため、早めに舌の上から取り除く、つまり飲み込んでしまうことになります。濃い味を好む人の場合、この舌の動きが習慣化しているため、何を食べても、ついつい早食いになってしまうようです。

お刺身に限らず、これまで塩分を多く使った濃い味つけの料理や、醤油をたっぷりつける食べ方をしていた方は、一度その量を減らしてみてはいかがでしょうか。そうすれば、これまで感じることのなかった素材の味に出会えるはずです。

塩分だけでなく、七味や胡椒、ワサビや唐辛子、生姜やにんにくなどいろいろな調味料があります。飲食店などで、頼んだ蕎麦やラーメンが運ばれると、箸を取りながら、七味や胡椒をふんだんに振り掛けている人をよく目にします。きっと今まで何回も食べていて味つけはわかっているため、味見をせずにかけているのでしょう。

ここでも思考実験をしてみましょう。名料理人といわれる人が、材料も儲けを一切考えず極上の食材を使って料理を作り、自分がそれを食べたと想定してみて下さい。そして、いつもどおりに食べたあとで、その料理がそうやって作られたという情報を知ったとしたらどう思われますか?「もっと味わって食べればよかった」「香辛料をあんなにかけるんじゃなかった」と、激しく後悔しませんか。それはつまり、いつもどおりの食べ方は、「味わう食べ方」ではないからなのです。普段から「味わう食べ方」をしていれば、「たしかにいつもと違う味つけで、おいしかったよ」「できればまた食べたいよ」と言うことになり、後悔することはないと思います。

たとえ通いなれた店であっても、料理人が交代することがあります。すぐに香辛料をかけてしまうのではなく、ぜひ、一口味わってから、足りない分の味つけを少しずつ足していく行動を習慣づけて下さい。

3　アルコール対策

休肝日をつくるには？

毎日晩酌をするのが習慣になっていると、週一、二回でもアルコールを飲まない日をつくるのはかなりつらいことだと思います。実は私もそうです。しかし、カロリーを多く含んでいるアルコールもまた、ダイエットの大敵なのです。

それでもなかなか晩酌をやめられないという方は、一四六ページのコラム「調味料の話」で紹介した方法を応用してみてはいかがでしょうか。自分の家にあるアルコールは一本一五〇万円する希少価値のあるものと考えてみて下さい。今、あなたは給料日前で持ち合わせが少なく、別のお酒を買う余裕がありません。そのとき、家にある一五〇万円のお酒を飲むことができますか？

また、風邪を引いていて体調が悪く、今日お酒を飲むとさらに具合が悪くなりそうな状況を想定してみて下さい。飲んではいけないという気持ちで対応するよりも、希少価値のある高価なお酒しかないと考えたり、体調維持のためにあえて飲まないと考えたりするほうが、気持ちがかなり楽だと思います。

晩酌がダイエットを妨げる要因はまだあります。私の場合、飲む際には必ずつまみを口にしてしまいます。しかも、つまみがなくなると追加で出してしまい、つまみが余ると、今度はお酒を出してしまいます。こうしてキリのいいところまで、摂取カロリーを増やし続けていたのです。これは大変危険なことです。

そこでここでは、アルコールの飲み方について少し掘り下げて考えてみたいと思います。

飲み方を見直す

まず、ご自身の飲み方を再度考えてみて下さい。本当に味わって飲んでいますか？

「アルコールを口にし始め、一杯目、二杯目と進み、最後の一杯になっても味は同じですか？」

私はこの質問を、生活指導や健診で出会う一万人以上の方に聞きました。「変わらない」と答えられた方も少しはいましたが、ほとんどの方が「一杯目が一番おいしい」と答えました。

一方、変わらないと答えた方も、飲むときの条件をあれこれ設定していくと、やはり一杯目が一番おいしいという答えに変わっていきます。

それでは、そのおいしい一杯目をどのように飲んでいるかを思い出してみて下さい。ビールが好きな方は、「ぐいっと飲み干すのが一番うまい」と思っていませんか。ビールが好きな方でなくても、「初めはビールで乾杯するね」「とりあえず、ビールでぐいっといきます」という方が大勢いらっしゃいます。そういう方は、ここでもう一度、暗示ゲームをしてみて下さい。

「このコップ半分のお酒、なかなか手に入らなくて。これだけの量で一〇万円するおいしいお酒だよ」と言われ、プレゼントされたときのことを考えてみて下さい。あなただったら、どんなふうに飲みますか？

私は、この質問もやはり一万人以上の人にしてみましたが、誰ひとりとして「ノド越しで、ぐいっと飲む」とは答えませんでした。「ゆっくり味わって飲む」「ちびちび楽しむ」と答えられた方がほとんどです。

「味覚」を楽しむのはあくまでも「舌」であり、「喉」ではありません。「ノド越し」というものは「味覚」ではなく、「冷たい爽快感」でしかないのです。刺激の強いものや濃い味のもの、熱いものを食べた後では、「冷たい爽快感」が気持ちよく感じ、この「気持ちよさ」を「おいしい」と勘違いしているのです。

一杯目のビールで喉が急激に冷やされてしまったために、二杯目ではそれほど「爽快感」を感じることはできません。そのため、二杯目は一杯目ほど「おいしい」とは感じられないのです。

もちろん味自体に変化はありません。このことからも、「ノド越しを楽しむ」ことは必ずしも味わっていることではないといえるでしょう。

飲み方のひと工夫

この「冷たい」という感覚が、実は曲者なのです。

冷やして飲んだときにはそれほど甘くない缶コーヒーを温めて飲んでみて、かなり甘いと感じたことはありませんか。

次の表をご覧下さい。これはある飲料会社の缶コーヒーの糖分含有量を私が計算して表にしたものです。

この表が示すように、缶コーヒー二五〇ミリリットルの中には、ペットシュガー一一本分の砂糖が入っています。もちろん、これより糖分の少ない缶コーヒーも発売されています。もしこの表と同じ量の砂糖をホットコーヒーに入れたら甘くて飲めません。

温度が低下すると味覚は急激に「麻痺」します。実際、苦い野菜ジュースや青汁でも、冷やせば飲めるという方が多いようです。

ビールの本場、ドイツでは、ビールを日本のように冷やして飲む習慣はありません。なぜなら、味がわからなくなるからです。一方、日本では、「ビールはぬるくなるとまずい。キンキンに冷やさないと飲めないよ」と言う方が多いと思います。極端ないい方をしてしまえば、「日本のビールはまずいので、冷やして飲まないと飲めない」ということでもあるかもしれませ

糖分濃度	缶コーヒーの量	砂糖の量	角砂糖の数（4g）	角砂糖の数（6g）	ペットシュガーの本数
通常のコーヒー	180ml	24.30g	約 6.0 個	約 4.0 個	約 8 本
13.5%	250ml	33.75g	約 8.5 個	約 5.5 個	約 11 本
甘さ控えめコーヒー	180ml	21.60g	約 5.5 個	約 3.5 個	約 7 本
12.0%	250ml	30.00g	約 7.5 個	5.0 個	10 本
減糖のコーヒー	180ml	18.90g	約 5.0 個	約 3.0 個	約 6 本
10.5%	250ml	26.25g	約 6.5 個	約 4.5 個	約 9 本

ん。ビール業界では、「ノド越し」の良さを追求する商品と、味覚である「コク」を追求する商品に分けてビールを開発しているそうです。

ビールの楽しみ方は人それぞれですので、「冷たいノド越しを味わって何が悪いんだ！」という方もいらっしゃると思います。それが悪いというつもりはありません。ただ、この飲み方は、「味わって」いるのではなく、「喉が冷たくなる感覚と炭酸のはじける刺激を楽しんでいる」ということを理解していただきたいのです。

その上、ノド越しを楽しむ飲み方をしていると、口の中にためて味わうようなことはできません。次から次へと流し込んでいくので、短時間でたくさんの量を摂取してしまいます。その結果、どうなるかはよくおわかりですね。そうです、摂取カロリー量がどんどん増えていくのです。店の売り上げには貢献しているかもしれませんが、ダイエットには大きな妨げになります。

高級な赤ワインを飲むときのことを考えて下さい。冷やしたりせずに、しかも、ノド越しで飲むこともありません。口の中でじっくりと味わい、唾液と混ざった後の味も楽しんでいるのではありませんか。ソムリエなどは、口の中で「グチュグチュ」とやって、空気と混ぜた後の味の変化も、温度が変わることによる味の変化も楽しんでいます。

ワインとビールではたしかに飲み方は違います。しかし、ノド越しだけを楽しむ飲み方は最初の一杯にとどめ、二杯目以降はビールそのものの味を楽しむようにしてはいかがでしょうか。

つまみに要注意！

また、刺激の強い酒のつまみも要注意です。

刺激の強い味、例えば激辛の料理を食べた後に、何を食べても味がよくわからなくなったという経験をされた方は多いと思います。辛過ぎる料理を食べると味覚のセンサーは振り切れてしまい、痛覚だけを感じるようになります。その上、口の中がひりひりして痛いため、あっという間に飲み込んでしまいます。

飲食店のメニューの中にこうした激辛料理を見かけることもあります。店側にしてみれば、刺激の強い料理は味覚を麻痺させるので、味つけのことをあまり気にせずに作れる点、すぐに食べ終わるため追加注文が出やすくなる点、ひりひりする喉を冷やすために飲み物の注文が増える点など、お得なことが多いのです。言い換えれば、凝った味つけの料理を作るよりも、濃い味つけのものや香辛料を多く使った料理を出したほうが、手間もかからず、売り上げが増えるということがいえるかもしれません。

健康面のことも考えてみましょう。嚙まずに流し込んでしまうため、刺激の強い食べものが消化されないまま、長時間、胃の中にとどまることになります。その結果、胃の粘膜を痛め、もたれや不快感などの症状を引き起こします。薬を飲んだり、ひどくなれば病院で検査を受けたりという状態にもなりかねません。

飲む時間、シチュエーションを変える

もうひとつ思考実験をしてみましょう。

今夜飲むお酒がグラス一杯分しかなく、しかもそれは数千円もする高価なもので、味も絶品と仮定しましょう。あなたはどのタイミングでそれを口にするでしょう。夕食の前、夕食の間、夕食後、風呂上がり、寝る前、さぁ、どの時間を選ぶでしょうか?

この質問も一万人以上の人にしてみましたが、「夕食の前」と答えられる方がかなり多くいらっしゃいました。そこで、そう答えた方にさらに質問を繰り返してみました。

「お酒のお代わりはありません。飲み終わったあと、もう飲めませんが、それでも夕食の前を選びますか?」と。

すると答えが変わってきます。ほとんどの方が「寝る前に飲む」とおっしゃるのです。「夕食前に飲む」と答えた方は、無意識にお代わりをすることを前提として考えているのです。しかし、それが最後の一杯だということを何度も念押しすると、答えは変わります。その陰には、「おいしいお酒を飲んで気持ちよく寝たい」という心理が働いているようです。

そこで寝る前に飲むアルコールが体に及ぼす影響を考えてみましょう。

まず飲み始めて、少し経つと眠くなってきます。一、二杯で眠くなればアルコールの摂取量は少なくてすみますが、その眠い時間はあまり長く続かず、すぐに興奮期に入ります。この状態に移行してしまうと、なかなか眠れなくなります。アルコールの量が増え、酔っぱらって正体不明になるまで飲み続けることにもなりかねません。人によっては、気分が悪くなっても飲み続けることもあるでしょう。

気持ちよく眠る、つまり心地よい睡眠を手に入れるためには、アルコールの量を控えめにすることが必要です。

食事が終わり、お風呂にも入って、後は寝るだけという状態になってから、少し部屋を暗くして、音楽でも聞きながら飲んでみてはいかがですか。今、手にしているお酒が高価なものと思い込めば、ゆっくり味わいながら飲むことができるはずです。これまでと違った飲み方ができると思いますし、ほろ酔いとなったところで気持ちよく床につけるのではないでしょうか。

4　タバコ対策

タバコは太る?

「タバコをやめると太るから、ダイエットのために吸っている」、とおっしゃる方がいます。実際、食欲低下、味覚障害、胃腸障害などなどといったタバコの弊害ともいえる影響で痩せられている方も結構いらっしゃいます。

しかし、逆にタバコの影響で太っている方もいるのです。

それはつまりこういうことです。

タバコの影響で、舌の味覚や嗅覚が麻痺する

←

味覚が鈍感になる
↓
薄味が感じられず、濃い味つけを好む
↓
濃い味つけのため舌が痛くなる
↓
ゆっくり舌の上にのせて味わうことができず、早食いしてしまう
↓
すぐに食べ終わってしまい、追加注文をする

この対応策として、食事の前のタバコをできるだけ我慢してもらいたいのです。「我慢をすると、その反動で吸う本数が増える」という方もいるでしょう。しかし、考え方を少し変えるだけで、本数を抑えることは可能なのです。

タバコを吸う方に、「どのタイミングで吸うタバコがおいしいですか？」と聞いてみると、ほとんどの方が、「食後」と答えます。たしかに食後の一服はおいしいものでしょう。

でも、どうせ吸うのなら、もっとおいしく吸いたいものです。

そこで、「どう吸ったらよりおいしくなると思いますか？」と重ねて聞いてみると、ほとんどの方が戸惑ってしまいます。こういった質問をされたことがないので、思い浮かばないのかもしれませんが、実はみなさん、日常生活の中で経験されていることなのです。

何かの理由で長時間吸えなかったあとに吸うタバコがことのほかおいしかった、そんな経験を持つ人は多いはずです。この心理を利用するのです。つまり食事の一時間前から、タバコを吸わないようにするのです。それは、食後のタバコをよりおいしく吸うため、そう考えれば我慢できるのではないでしょうか。

たったこれだけのことですが、一食につき一、二本我慢できたとすれば、一日で三本から六本節煙することができます。もし可能であれば、我慢する時間をどんどん長くして下さい。そうすれば、その分、節煙本数は増えていきます。

ダイエット川柳④【食べ方】

食べ残し　代わりに食べて　三段腹

もったいないと言いながら食べ残しを口にしていると、気がついたときには、だらしのないお腹ができ上がってしまいます。

バイキング　お金を払って　肥満体

食べ放題料金のもとを取ろうとするあまり、あれもこれもと食べ過ぎてしまう人は多いもの。しかし、その結果太ってしまっては、結局損したことになります。

テレビ観て　気づけばお菓子　一袋

お腹が空いているわけではないのに、目の前にある食べものをつい口にしてしまうことはないでしょうか。その積み重ねが肥満へとつながるのです。

あとがき

健診センターで健康診断や人間ドックの業務の担当になって以来、訪れる方々に、健康に害を及ぼすような生活習慣を変えていただくための生活指導をするようになりました。そして、病気を治してもらいたいと思って病院に来られる患者さんと、健診や人間ドックに来られる方々との違いを実感しました。

病気がある方は、実行するかどうかは別としても、生活習慣改善の話をしっかり聞いて下さいます。しかし、健診や人間ドックに来られる方は、その時点では何の症状も出ていないので、「今悪くないから、このままでいいじゃない」「好きでやっているんだから悪くなるの仕方がない、ほっといてよ」というふうに考える方も多く、指導の仕方を変える必要があることに気づきました。

そこで、「自分ができて、患者さんが無理なくできる方法がないか」と常に考えながら、いろいろな考え方や方法を模索しながら生活習慣改善の指導をしてきました。自分自身、運動をすることが決して好きなほうではないし、我慢をし続けるよりは楽をしたいと考えるほうで、自分が実行できないことを無責任に「やって下さい」というのは嫌でした。

初めの頃は、一方的に知識の伝達をして、「この習慣を続けていると、病気になったり、病気が悪化したりしますよ」と、脅しのような指導を主に行っていましたが、この方法で生活習慣が変わる方はほとんどいませんでした。ですが、試行錯誤を続けて指導のやり方を変えていくうちに、現在の方法である「視点の変更、価値観の見直しを患者さんの思考でしてもらい、提示した方法の中からできそうなものを選んでもらう」やり方になり、効果もアップしました。

この業務をやり始めたときには、年に数人、私の指導に対して、立腹される方もいらっしゃいましたが、最近では、「良いお話をありがとうございました」「これならできると思います、来年お会いするときには、いい結果をお見せします」と多くの方に言っていただけるようになり、立腹される方はほとんどいなくなりました。

実は生活習慣改善において、一番効果が出ているのが自分自身です。指導したことは自分でやってみて、持続できなければまた違う方法を考えて……、とそれらを実行しているうちに、かなり以前と生活習慣が変わってきました。患者さんを指導させていただいているおかげで、自分自身の生活習慣も変わり、以前に比べ健康的に、ある意味、若返りました。生活習慣の改善を試みて本当に良かったと感じています。そしてそれらを記したこの本を手に取られた方にも、ここで紹介した方法を行っていただき、健康な生活の維持および老化の予防に役立てていただけたら、これに勝る喜びはありません。

いろいろと考えるきっかけを作って下さった患者さん、純粋な目で私の言動に絶えずチェックを入れてくれる子どもたち、言い訳をすぐに見破って改善しなければいけない点を目の前に提示してくれる妻、日々の業務でいろいろと参考になる情報、助言を下さった病院のスタッフの方々、専門的な表現や、回りくどい表現を好んで使う自分の文章をチェックして下さった幻冬舎ルネッサンスの編集担当の峯晴子さんをはじめ編集局の方々に感謝いたします。

二〇一〇年六月

川村昌嗣

この作品は二〇一〇年六月幻冬舎ルネッサンスより刊行された
『医師がすすめる50歳からの肉体改造』を改題したものです。

〈著者プロフィール〉
川村昌嗣（かわむら・まさひで）
1960年高知県生まれ。浪人時代にマージャンにはまり、大学受験で3浪。父母の関係を見て、プライマリーケア医になろうと奮起し、浪人1年目に中学の教科書からやり直し、教科書のありがたさ、基礎の大切さに気づく。慶應義塾大学医学部卒業後、同大学の内科に入局。けいゆう病院健診科勤務の後、2012年川村内科診療所開設、2016年医療法人化。2017年4月より内山アンダーライティング株式会社の査定医長を兼任。三大ギタリストのひとり Jeff Beck の熱烈なファン。

医師が教える50歳からの超簡単ダイエット
2017年8月1日　第1刷発行

著　者　川村昌嗣
発行者　見城 徹

発行所　株式会社 幻冬舎
〒151-0051　東京都渋谷区千駄ヶ谷4-9-7

電話　03(5411)6211(編集)
03(5411)6222(営業)
振替　00120-8-767643
本文デザイン　田島照久
装幀　幻冬舎デザイン室
装画　北村 人
印刷・製本所　中央精版印刷株式会社

検印廃止

ISBN978-4-344-03153-1　C0095
幻冬舎ホームページアドレス　http://www.gentosha.co.jp/

この本に関するご意見・ご感想をメールでお寄せいただく場合は、
comment@gentosha.co.jpまで。